Gerhard Hubatschek (Hrsg.)

Waffensysteme der Bundeswehr

Report Verlag

Impressum

Die Deutsche Bibliothek – CIP-Einheitsaufnahme
Waffensysteme der Bundeswehr/Gerhard Hubatschek (Hrsg.) –
Frankfurt am Main: Report-Verl., 1999
ISBN 3-932385-06-3

Redaktionsteam:
Jürgen Erbe, Peter Preylowski,
Lothar Schulz, Dieter Stockfisch

Umschlaggestaltung und Grundlayout:
Grafisches Atelier Manfred Sehring
63303 Dreieich - Offenthal

Gestaltung, Grafik und Satz:
Medien Profis GmbH
04103 Leipzig

Druck und Herstellung:
Clausen & Bosse
25917 Leck

Printed in Germany 1999

Inhalt

70
Y·625 818

Alle Umfragen bestätigen es seit Jahren: Die Bundeswehr wird von der Zustimmung einer weit überwiegenden Mehrheit der Bevölkerung getragen. Über achtzig Prozent sprechen der Bundeswehr ihr Vertrauen aus. Bei der Frage, welcher Institution „volles Vertrauen" entgegengebracht wird, liegt die Bundeswehr bei den Jugendlichen zwischen fünfzehn und zwanzig Jahren hinter *Amnesty International* und *Greenpeace* noch vor dem *Bundesverfassungsgericht* an dritter Stelle.

Die Bundeswehr – das sind zum einen ihre Soldaten und zivilen Mitarbeiter, die Berufs- und Zeitsoldaten, die Wehrpflichtigen, die Offiziere, Unteroffiziere und Mannschaften. Die Bundeswehr – das ist aber auch das breite Spektrum ihrer Ausrüstung, beginnend bei der persönlichen Ausrüstung der Soldaten, der Kfz- und Fernmeldeausstattung bis hin zu einer großen Zahl hochtechnischer und komplexer Waffensysteme. Mensch und Technik, Soldaten und ihre Waffensysteme bilden ein Ganzes. Eine gute Ausrüstung und das Zusammenwirken von Soldaten und Waffensystemen ist die Grundlage für die Einsatzbereitschaft und Leistungsfähigkeit der Bundeswehr.

Zur Attraktivität der Bundeswehr und zur Motivation der Soldaten trägt ohne Zweifel die Faszination der Technik ihrer Waffensysteme bei. Die Ausbildung an den Waffensystemen, das Zusammenwirken von Teams, Bedienungen und Besatzungen der Waffensysteme ist eine Hauptaufgabe in der Ausbildung und eine ständige Herausfoderung. Es prägt den Dienst und ist Teil des Selbstverständnisses der Soldaten.

Eine moderne und auftragsgerechte Ausrüstung ist und bleibt eine der wichtigsten Voraussetzungen für die Fähigkeit der Bundeswehr, den von der Politik gestellten Auftrag der Friedenserhaltung zu erfüllen.

Wenn die Bundeswehr heute insgesamt eine modern ausgerüstete Armee ist, wenn viele Waffensysteme der Bundeswehr auch unter den Bündnispartnern und befreundeten Nationen einen ausgezeichneten Ruf besitzen, dann ist dies auch das Verdienst der wehrtechnischen Industrie in Deutschland, repräsentiert durch klangvolle Firmennamen, vertreten aber auch durch eine große Zahl weniger bekannter kleinerer Unternehmen der mittelständischen Wirtschaft. Nach Reduzierung der Bundeswehr auf ihre heutige Stärke sind immer noch rund einhunderttausend Menschen auf meist hochwertigen Arbeitsplätzen in der Wehrtechnik tätig.

Wenn mit diesem Buch die Hauptwaffensysteme der Bundeswehr erstmals in geschlossener Form in Bild und Text vorgestellt werden, so soll dies auch Zeugnis ablegen für die Leistungen all der Menschen, die an der Entwicklung, Beschaffung und Herstellung dieser Waffensysteme tätig sind. Auch sie dienen der Sicherheit des Landes. Vor allem aber soll es Zeugnis ablegen von der Verbundenheit der Soldaten mit ihrer Ausrüstung im Gesamtsystem Bundeswehr.

Gerhard Hubatschek

Systeme des Heeres

Inhalt

Leopard 2

Die Kampfpanzer Leopard haben sich in drei Jahrzehnten Weltruhm erworben. Seit 1965 war es der Leopard 1, später dann der Leopard 2, auch in jeweils der kampfwertgesteigerten Version, die ursächlich für die Bundeswehr entwickelt wurden, die ihren Siegeszug über Europa hinaus angetreten haben. Obwohl die sicherlich sehr restriktiven Exportbedingungen manche Ausfuhr verhinderten, sind es immerhin 15 Nationen, die Leopard Kampfpanzer in ihrer Ausstattung haben. Allein sieben Nationen verfügen über den Leopard 2.

Welche Faktoren führten zu diesem Erfolg? Insbesondere stehen dafür die Leistungsfähigkeit und Zuverlässigkeit der Komponenten: Waffe, Triebwerk, Kette, Funk, Feuerleitung und letztlich auch Panzerung.

Zunächst nutzte die Bundeswehr bei ihrer Aufstellung amerikanische Panzer der Typen M47 und M48. Es wurde aber bereits 1958 mit der Entwicklung eines eigenen „30 t Standardpanzers" begonnen, aus dem 1965 der Kampfpanzer Leopard 1 hervorging.

Da die Entwicklung eines Kampfpanzers acht bis zehn Jahre beansprucht, musste wegen

Leopard 2 A5 in schwerem Gelände

Ein Zug Leopard 2

Technische Daten

Gefechtsmasse	59,7 t
Bewaffnung (Hauptwaffe)	120 mm PzK
Munitionsvorrat HW	42 Schuss
Feuerleitrechner	Hybritrechner
Richtanlage	elektrische WNA (Waffen-nachführanlage)
Motorleistung	1 100 kW/min 2 600 kW/min
Fahrbereich (Str.)	ca. 500 km
Höchstgeschwindigkeit	72 km/h
spezifischer Bodendruck	9,30 N/cm²
spezifische Antriebsleistung	18,4 kW/t

Leopard 2 A5 (links) im Vergleich zum „Standard"-Leopard 2

der ständigen Modernisierung des Panzerbestandes im Warschauer Pakt und damit einer zunehmenden Bedrohung in Mitteleuropa Vorsorge für die 70er und 80er Jahre getroffen werden. Nach dem Abbruch des gemeinsamen Entwicklungsvorhabens Kampfpanzer 70 (KPz 70) mit den USA begannen 1970 in Deutschland die Aktivitäten zur Realisierung des Kampfpanzers Leopard 2.

Ab Oktober 1979 wurde die Panzertruppe der Bundeswehr mit dem Kampfpanzer Leopard 2 ausgerüstet. Sie verfügt heute über 1455 Kampfpanzer Leopard 2 A4 und 350 der Version Leopard 2 A5 kampfwertgesteigerte Fahrzeuge.

Hauptmerkmale

Der Kampfpanzer Leopard 2 ist vom Grundkonzept her ein konventioneller Turmpanzer, der mit einer 120-mm-Glattrohrkanone der Firma Rheinmetall in einem um 360 Grad drehbaren Turm ausgestattet ist. Das Triebwerk befindet sich im Heck des Fahrzeuges. Die Besatzung besteht aus vier Mann. Die Führung des Fahrzeuges sowie die Leitung des Feuerkampfes obliegt dem Kommandanten; er wird durch den Richtschützen in der Zielbekämpfung mit einem leistungsfähigen Zielgerät unterstützt. Ein Laser-Entfernungsmesser und ein Wärmebildgerät für den Einsatz bei Nacht und schlechter Sicht erweitern die Fähigkeit zur wirksamen Zielbekämpfung auf Entfernungen bis zu 3000 m. Der Ladeschütze hat die bis zu 23,5 kg schweren und ca. 1 m langen Patronen in den Verschluss der Hauptwaffe zu laden und diese Tätigkeit binnen 5–6 Sekunden für den Folgeschuss sicherzustellen.

Die Besatzung

Um das 55 t schwere Gefährt sicher auf der Straße bewegen zu können und im Gelände die hohe Beweglichkeit auszunutzen, braucht der Fahrer eine solide Ausbildung und Erfahrung; im Panzer selbst bedient er lediglich Lenkrad, Gas- und Bremspedal.

Überwinden von Hindernissen

Technische Durchsicht während einer Gefechtspause

Aufmunitionieren

Leistungs-merkmale

Die Bekämpfung gegnerischer Kampfpanzer erfolgt mit dem sogenannten KE-Geschoss (KE = kinetische Energie). Für das restliche Zielspektrum steht als Zweitmunitionsart das MZ-Geschoss (MZ = Mehrzweck) als Hohlladungsgeschoss zur Verfügung. Ungepanzerte Ziele werden vom Leopard 2 aus dem 7,62-mm-Blenden-MG bekämpft.

Eine hohe Beweglichkeit, insbesondere auch im schweren Gelände wird dem Kampfpanzer Leopard 2 durch einen 12-Zylinder-Dieselmotor der Firma MTU mit einer Nenn-

Schnelle Fahrt im Gelände

Der Kommandant

Ausbildung

Die hohe technische Leistungsfähigkeit und Wirksamkeit dieses Waffensystems kann nur durch eine gut ausgebildete und eingespielte Besatzung auf dem Gefechtsfeld umgesetzt werden. Verschärfte Umweltschutz-Auflagen, steigende Betriebskosten, Verkürzung der Wehrdienstzeiten und Einschränkung in der Verfügbarkeit geeigneter Truppenübungsplätze haben schon früh zur simulatorgestützten

Daten zur Besatzung

Besatzung	4 Mann
Kraftfahrer	Nachtsehgerät als BiV-Fahrgerät
Richtschütze	Wärmebildgerät im Hauptzielgerät
Kommandant	Wärmebildgerät im Rundblickperiskop

leistung von 1 100 kW (1 500 PS) verliehen. Für eine optimale Umsetzung der Motorleistung sorgt ein kompaktes Automatikgetriebe der Firma RENK mit vier Vorwärts- und zwei Rückwärtsgängen; damit erreicht der Leopard 2 auf der Straße eine Höchstgeschwindigkeit von 72 km/h.

Von den 55 t Gefechtsgewicht entfallen über 50 % auf Turm und Fahrgestell. Insbesondere im Frontbereich ist die Panzerung massiv, um ein Durchschlagen von auftreffenden KE-Geschossen bzw. Hohlladungs-Gefechtsköpfen zu verhindern. Der Schutzaufbau des Leopard 2 besteht gegenüber früherer Fahrzeuge nicht aus homogenem Panzerstahl, sondern aus einer Kombination verschiedenartiger Materialien und der Anordnung einer Vielzahl von Einzelplatten (Schottanordnung). Der Wannenboden ist in einer besonderen Weise gestaltet, um eine größere Steifigkeit gegenüber Deformationen infolge Minendetonationen zu erhalten.

Der Munitionsvorrat und die Energieversorgung der elektro-hydraulischen Richtanlage sind im Turmheck getrennt vom Kampfraum untergebracht. Bei Beschuss soll der entstehende Explosionsdruck durch Sollbruchstellen im Panzerungsgehäuse abgebaut und damit eine Gefährdung der Besatzung im Kampfraum vermieden werden. Zum Schutz des Fahrzeuges dient neben der Panzerung auch eine Nebelmittelwurfanlage mit insgesamt 16 Bechern. Die ABC-Schutzbelüftungsanlage filtert bei Einsatz in kontaminierten Geländeabschnitten vorhandene schädigende Partikel oder BC-Kampfstoff aus.

Im Führungsfahrzeug (hier Leopard 1)

Kampfpanzer Leopard 2 A5

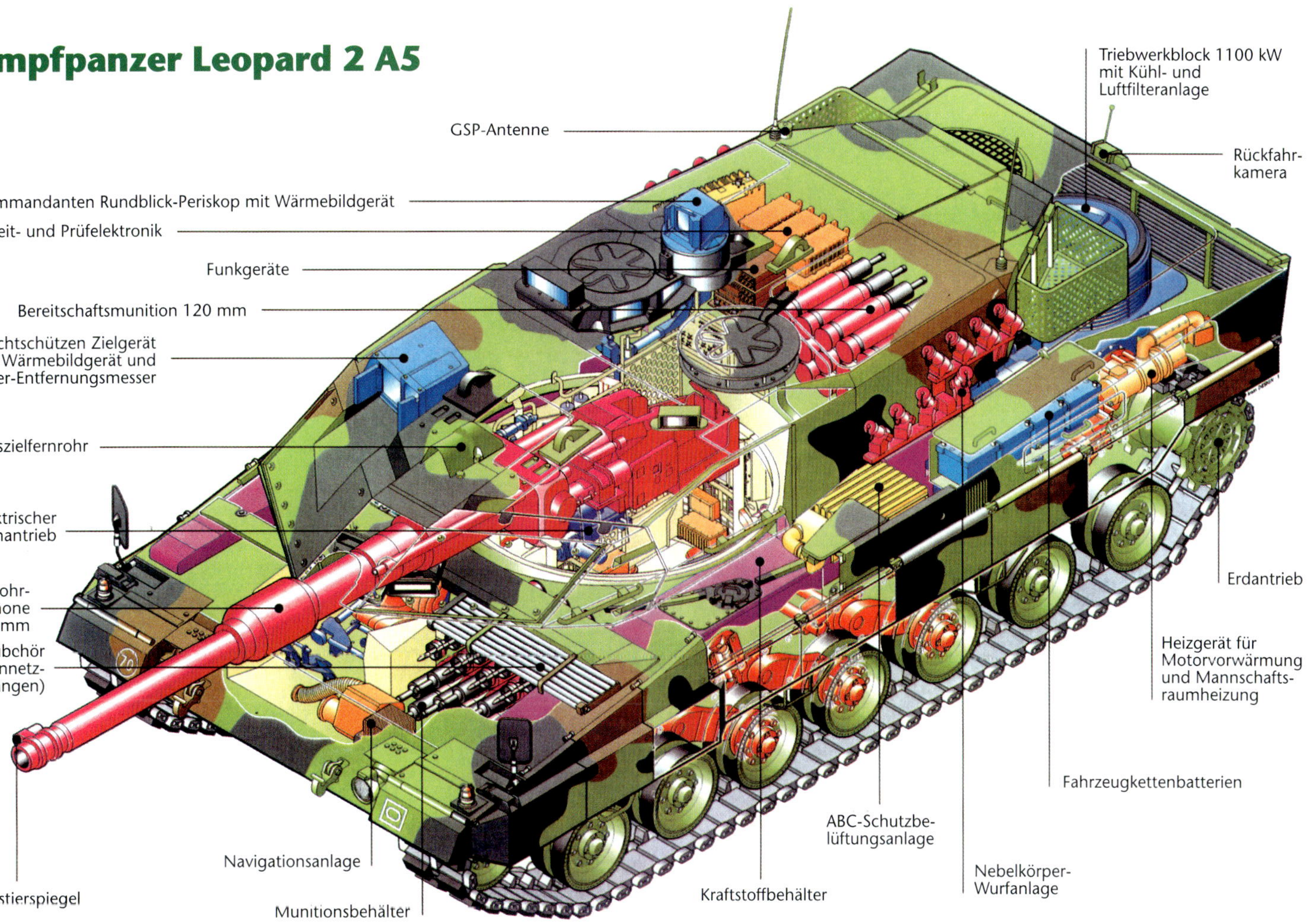

Ausbildung geführt. Seit Ende der 70er Jahre absolvierten Panzerfahrer ihre Ausbildung in Fahrsimulatoren. Ende der 80er Jahre standen auch für die Besatzungen des Kampfpanzer Leopard 2 Simulatoren für eine Schieß- und Gefechtsausbildung zur Verfügung. Diese Simulatoren erlauben eine sichere Vermittlung der notwendigen Ausbildungsinhalte in relativ kurzer Zeit.

Fertigung

Bis 1992 wurden insgesamt 2125 Kampfpanzer Leopard 2 in acht verschiedenen Baulosen von den Firmen Krauss-Maffei (München) und MaK System Gesellschaft (Kiel) für die Bundeswehr gefertigt; die Montage der Türme erfolgte bei den Firmen Rheinmetall (Unterlüß) und Wegmann (Kassel). Noch während der Produktion flossen Verbesserungen in die Feuerleit- und Brandunterdrückungsanlage sowie beim ballistischen Schutz ein.

Zwischenzeitlich sind 320 Fahrzeuge an befreundete Nationen auf Leasing-Basis abgegeben worden; 350 Fahrzeuge werden bis

Moderne Elektronik unterstützt die Besatzung

2000 zur Version Leopard 2 A5 kampfwertgesteigert. Es ist geplant, diese Fahrzeuge bis zum Jahr 2002 zur Version Leopard 2 A6 nachzurüsten. Hierbei soll im Wesentlichen die Feuerkraft durch Einführung einer neuen Waffe mit verlängertem Rohr in Verbindung mit einer leistungsgesteigerten KE-Munition (LKE II) verbessert werden.

Die kampfwertgesteigerten Leopard 2 A5 werden in den KRK-Panzerbataillonen eingesetzt; die Leopard 2 A4 (mit einheitlichem Konstruktionsstand) finden in den Verbänden der Hauptverteidigungskräfte Verwendung.

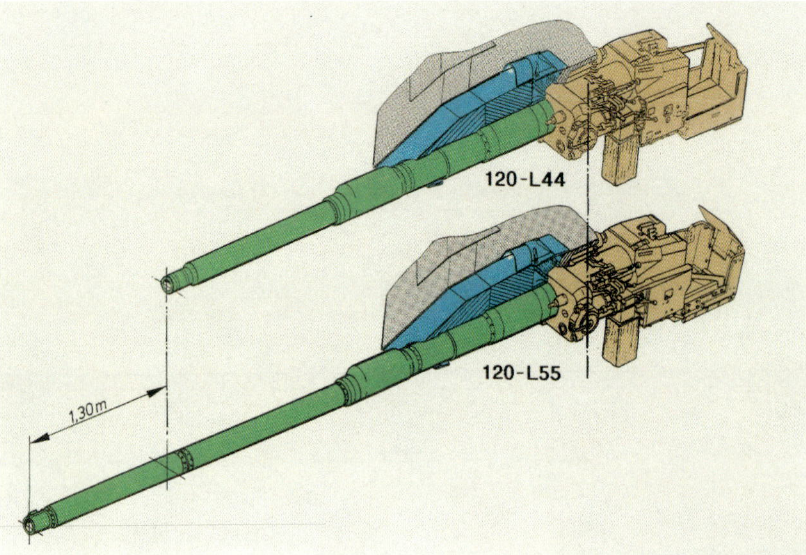

120-mm-Waffenanlage Leopard 2 mit Rohr L55 und Rohr L44

Munition

Internationale Kooperation

Obwohl der Kampfpanzer Leopard 2 ab 1979 nur für die Bundeswehr gefertigt wurde, haben heute weitere sechs Staaten in Europa das Fahrzeug wegen seiner hohen Leistungsfähigkeit im Einsatz:

Deutschland	Leopard 2 A4	1 455	Fertigung bis 1992
	Leopard 2 A5	350	Kampfwertsteigerung Phase I bis 2000
	Leopard 2 A6	350	Kampfwertsteigerung Phase II bis 2002
Niederlande	Leopard 2 NL	150	Fertigung bis 1986
	Leopard 2 NL KWS	180	Kampfwertsteigerung bis 2000
Schweiz	Pz87	380	Fertigung bis 1994
Schweden	Strv 121	160	Miete von GE ab 1994
	Strv 122	120	Fertigung bis 2001
Spanien	Leopard 2 A4	108	Miete von GE ab 1995
	Leopard 2 E	225	Fertigung ab 2000
Österreich	Leopard 2 NL	114	Kauf von NL ab 1996
Dänemark	Leopard 2 A4	51	Kauf von GE ab 1998

Gleisketten für schwere Kampfpanzer

Die Vorteile der Verbindergleiskette gegenüber der Scharnierkette wurden in verschiedenen Untersuchungen eindeutig nachgewiesen. Zweifelsfrei liegt die Stärke dieser Kette in der konstruktiv bedingt günstigeren Ausführung der Gummilagerung der Kettenbolzen. Damit ist eine Steigerung der Lebensdauer der Kette um den Faktor 2 gegenüber der Scharnierkette gegeben. Die Bauart der Diehl Gleiskette für den Kampfpanzer Leopard 2 hat sich zum neuen Standard fortschrittlicher „Panzerketten" entwickelt. Bei dieser Kette erfolgt der Zahneingriff des Triebkranzes nicht an den Außenverbindern, sondern in einem speziell ausgeführten Eingriffsfenster des Rohrkörpers.

Diehl-Gleiskettensystem für schwere Kampfpanzer

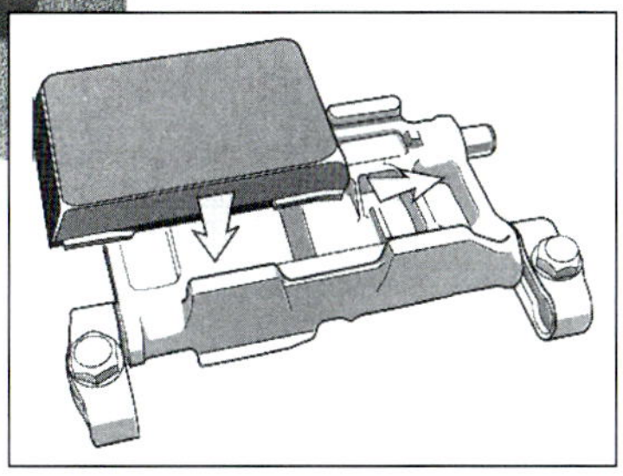

Kettenglied des Diehl-Gleiskettensystems

Leopard 2-Dieselmotor MB 873 Ka-501

Leopard 2-Getriebe HSWL 354

Dadurch werden die Außenverbinder nicht mehr auf Verschleiß beansprucht und sind während der Kettenlebensdauer nicht mehr auszutauschen.

Dieses Kettenantriebsprinzip wird heute bereits auch für die Ketten der Fahrzeuge MARS/MLRS und Fahrzeugvariante M113 angewandt. Die Traktionsfähigkeit dieser Kette kann im Gelände mit weichem Boden sowie bei Eis und Schnee in einfacher Montage durch den Einsatz von Schneegreifern deutlich erhöht werden.

Das Wechseln der Laufpolster ist bei diesen Ketten durch das Diehl Bajonettprinzip Quick Fit® ohne größeren Kraftaufwand schnell, leicht und einfach durchzuführen. Da das Laufpolster nahezu das einzige Verschleißteil ist, wird damit der notwendige Erhaltungsaufwand auf ein Minimum beschränkt.

Wegen der großen Vorteile, wie

- niedrige Lebenswegkosten,
- Reduzierung des Gewichts,
- höhere Sicherheit,
- einfache Wartung bei
- unkomplizierterer Handhabung

wurden Diehl-Ketten bei allen Kettenfahrzeugen der Bundeswehr eingeführt.

Schneller Triebwerkwechsel

PzH 2000

Panzerhaubitze 2000 im System Artillerie

Das Kommandantenterminal ist der Arbeitsplatz des Geschützführers

Ein „starkes Stück" hat einer der Generale der Artillerietruppen die neue Panzerhaubitze 2000 (PzHaubitze 2000 oder PzH 2000) genannt und damit daran erinnert, dass Artilleriegeschütze in der Geschichte lange Zeit „Stücke" genannt wurden. Nun läuft dieses Geschütz, das das modernste der Welt genannt werden kann und zunächst die veraltete und wenig bewegliche Feldhaubitze 155 mm (danach schrittweise die Panzerhaubitze M 109 A3G) ablöst, seit 1998 der Truppe zu und wird schließlich mit 185 Geschützen des ersten Loses die Ausrüstung anfänglich der Krisenreaktionskräfte (KRK), einiger weniger Artilleriebataillone der Hauptverteidigungskräfte (HVK), der Artillerieschule in Idar-Oberstein und der Lehrverbände sein.

Die PzHaubitze 2000 ist das Geschütz der Artilleriebataillone (18 je Bataillon) der Brigaden und besonders zur Feuerunterstützung auf Bataillons- und Brigadeebene geeignet.

Noch wichtiger als all das ist aber die Einbindung der PzHaubitze 2000 in das System Artillerie, das moderne Technologien für Aufklärungssensoren (z. B. KZO, Drohne CL 289, COBRA), Führung und Feuerleitung (z. B. IFAB), Rohr-, Raketen- und Flugkörperwaffen (z. B. Kampfdrohne Taifun) und intelligente Munition (SMArt und modulares Treibladungssystem MTLS) zu einem System konventioneller Artillerie so zusammenbindet, dass alle Lage-, Ziel- und Wirkungsmittel durch das Führungs- und Waffeneinsatzsystem der Artillerie ADLER schnell und angemessen eingesetzt werden können.

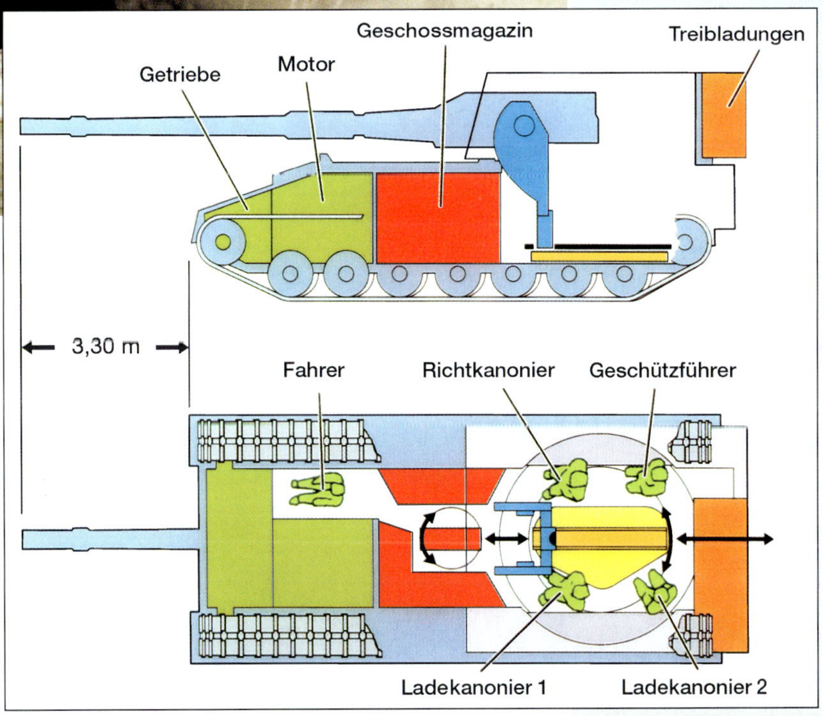

Das Konzept

Das neue „starke Stück" der Artillerie in Feuerstellung

Die Reichweite erhöht sich durch ein Ferngeschoss bis auf 40 km. Dadurch kann die Brigadeartillerie erstmals bis weit in die Tiefe und Breite des Feindes wirken und Bedrohungen der Kampftruppen frühzeitig zerschlagen. Neben der Reichweite wird auch die Treffgenauigkeit durch die Verwendung eines längeren 52-Kaliber-Rohres und zielsuchender Munition entscheidend verbessert. Die Suchzündermunition Artillerie SMArt und das Ferngeschoss mit Bomblet-Submunition werden derzeit beschafft.

Die Technik

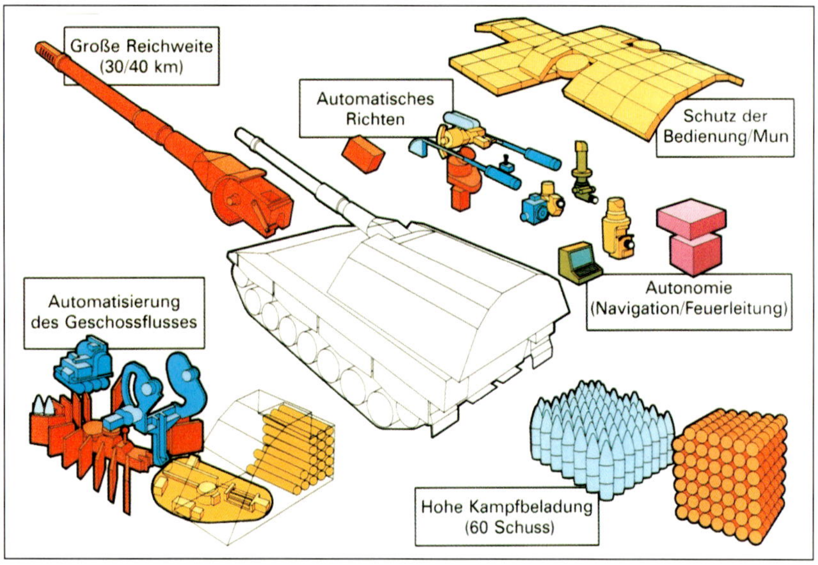

Die Technik erfüllt alle miltärischen Forderungen

Das Fahrgestell mit allen Aggregaten verleiht der Panzerhaubitze hohe Geschwindigkeit und Beweglichkeit sowie beträchtliche Reichweite

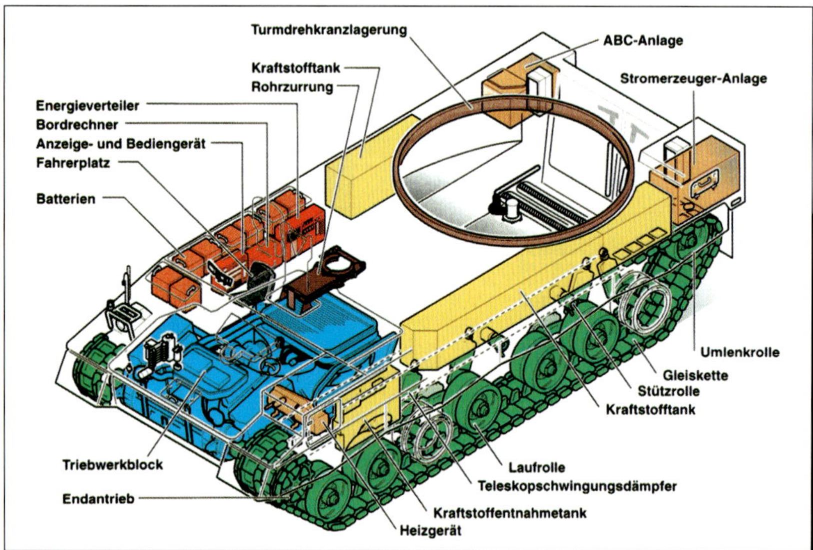

Firma Wegmann, Kassel, hat als Generalunternehmer gemäß den Forderungen der Militärs das Gesamtkonzept der PzH 2000 erarbeitet und realisiert. Die herausragenden Merkmale sind:

Die Waffe mit großer Reichweite und Genauigkeit

Mit der Hauptwaffe L52 (Rheinmetall) und dem 155-mm-NATO-Standard-Geschoss werden 30 km, mit dem reichweitengesteigerten Geschoss (z. B. mit base bleed) 40 km erreicht; das SMArt-Geschoss (Diehl) sorgt für hohe Treffgenauigkeit. Die 155-mm-Hauptwaffe wird schnell und genau automatisch gerichtet, nach jedem Schuss in der Lage überprüft und ggf. automatisch nachgerichtet.

Die Autonomie in Navigation und Feuerleitung

Automatisch und genau werden geographisch Nord, die eigene Position und die Höhe über NN ermittelt. Ein bordeigener Ballistik-Rechner mit Datenfunk-Anbindung an eine externe Feuerleit- oder Befehlsstelle befähigt das Geschütz, aus unvorbereiteter Feuerstellung und nach Vorgabe der Ziellage und des Munitionseinsatzes schnell und selbständig zu wirken. Die Geschützverkantung wird automatisch ausgeglichen (Honeywell, Leica, Dasa, ATM, EWS).

Die Herstellung der Wirkungsbereitschaft dauert etwa 30 Sekunden, ein typischer Feuerauftrag mit acht Schuss wird innerhalb einer Minute ausgeführt, wobei die ersten drei Schuss als Feuerschlag in weniger als zehn Sekunden verschossen werden. Bereits zwei Minuten nach dem Geschützhalt kann die Feuerstellung wieder verlassen werden, so dass feindliche Aufklärung nicht mehr wirksam werden kann.

Die Waffenanlage 155 mm L52 sorgt für große Schussweite und zusammen mit der neuen Munition für erhebliche Wirkung im Ziel

Technische Daten

Gefechtsgewicht	55 t
Hauptwaffe	155 mm L52
Motorleistung	736 kW (8-Zylinder Diesel)
Geschwindigkeit	60 km/h
Fahrbereich	420 km
Nebenbewaffnung	FlaMG 7,62 mm

Die Feuerleitanlage garantiert die Treffgenauigkeit beim direkten und indirekten Richten

Die hohe Kampfbeladung und der automatisierte Geschossfluss

Über 60 Geschosse (Rheinmetall, Diehl) führt die PzHaubitze 2000 in einem automatischen Magazin (Wegmann, MOOG) an Bord mit sich und garantiert damit eine hohe operationelle Verfügbarkeit. Die entsprechende Anzahl von Treibladungen (288 Treibladungsmodule) sind ebenfalls an Bord. Die Handhabung des Geschosses beim Be- und Entladen des Magazins sowie das Laden der Waffe selbst sind vollständig automatisiert.

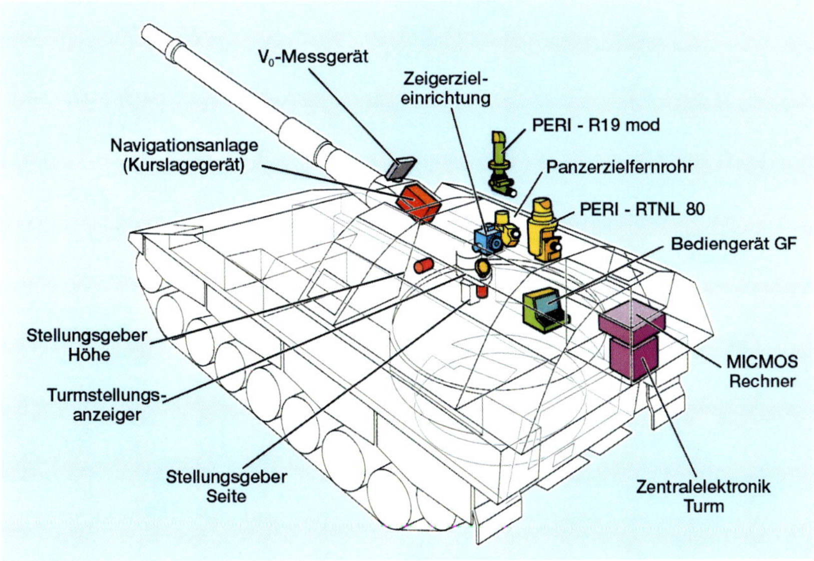

Der Schutz

Das Geschütz verfügt in Wanne und Turm (Blohm + Voss, Hoesch Rothe Erde) über einen Grundschutz gegen Splitter und Infanteriewaffen aus Panzerstahl, einen adaptivreaktiven Schutz gegen Top-attack-Munition und über eine ABC-Schutzbelüftungsanlage (Bauer Kompressoren).

Zusammen mit einem hochbeweglichen Fahrgestell (MaK, MTU, Renk, Diehl, Schleifring- und Apparatebau) wird so ein Gesamtwaffensystem gebildet, das effektiv und zukunftsorientiert ist sowie einen deutlichen Technologiesprung gegenüber allen bekannten Systemen beinhaltet.

Komponenten

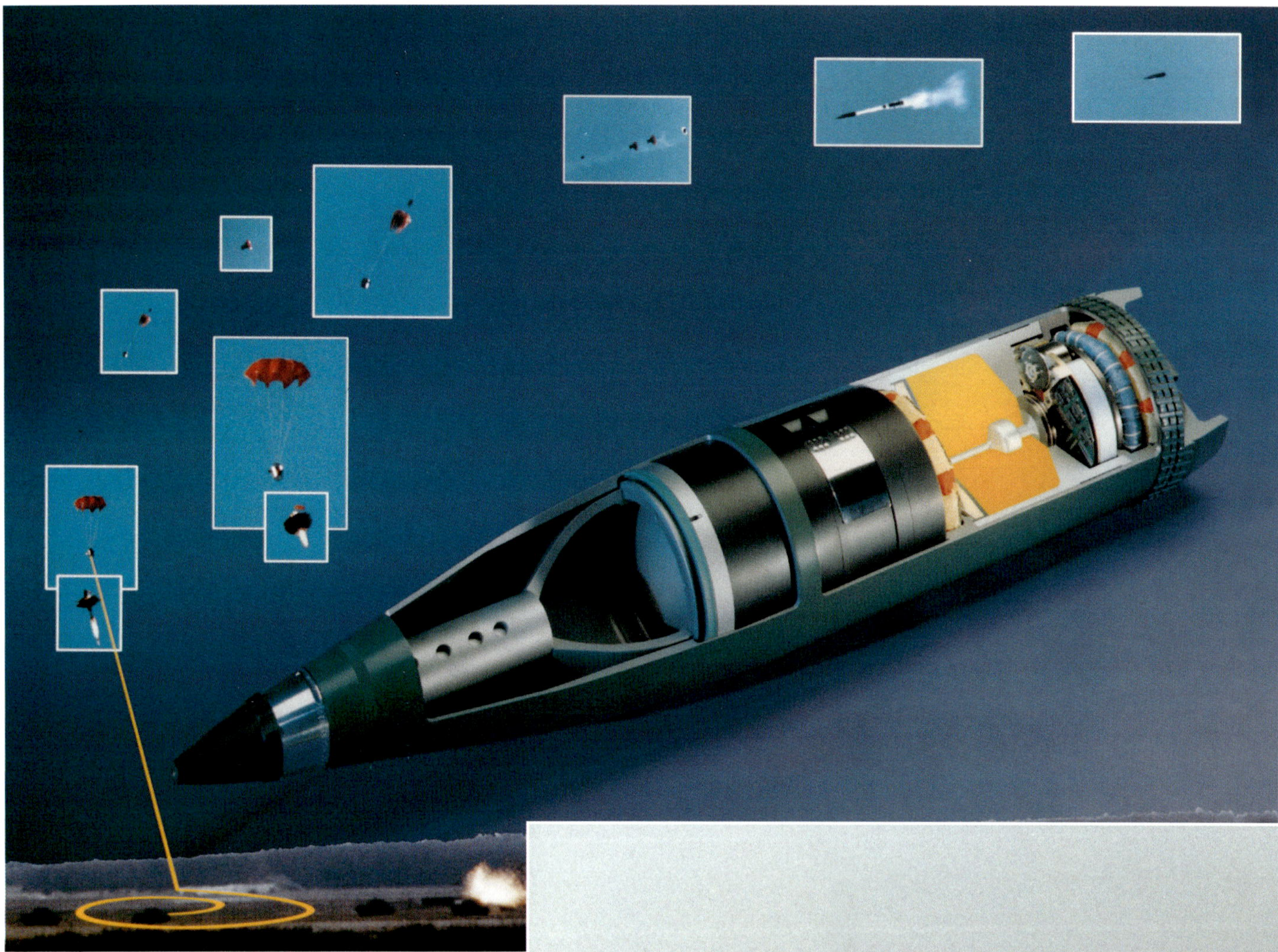

Suchzündermunition SMArt

Mit Einführung der Suchzündermunition Artillerie SMArt (Diehl- und Rheinmetall-Tochter GIWS) erlebt die Artillerie eine revolutionäre Erweiterung ihres Einsatzspektrums: Sie, die bisher vor allem Flächenfeuerwaffe war, wird nun auch Punktzielwaffe. SMArt wirkt gegen harte und halbharte, stehende oder sich langsam bewegende Ziele, die Kampfpanzer, Schützenpanzer oder Artilleriegeschütze sein können. Das Geschoss, das zuvor – am Fallschirm gleitend – seine Ziele detektiert hat, durchschlägt mit einer seiner beiden kinetischen Submunitionen die Ziele von oben (top attack). SMArt rundet in Verbindung mit der PzHaubitze 2000 das System Artillerie entscheidend ab.

Modulares Treibladungssystem MTLS/Zünder M 74

MTLS (Rheinmetall) ergänzt die Schnelligkeit und Zuverlässigkeit der PzH 2000. Es besteht bei Verwendung für die PzH 2000 aus bis zu sechs Treibladungsmodulen, die schnellere Handhabung, geringeren Verschleiß des Rohres, geringere Wahrscheinlichkeit einer Fehlzündung und Vermeidung von Restladungen gewährleisten. Auch die PzH M 109 kann im übrigen MTLS (fünf Module) verwenden.

Mit dem Multifunktionszünder M 74 von Junghans (Partner: Honeywell und Dasa), der induktiv auf Annäherung, Zeit und Aufschlag (mit und ohne Verzögerung) programmiert werden kann, besitzt die Artillerie auch den modernsten Zünder der Welt.

Modulares Treibladungssystem und Zünder M 74 vervollständigen das System Panzerhaubitze 2000

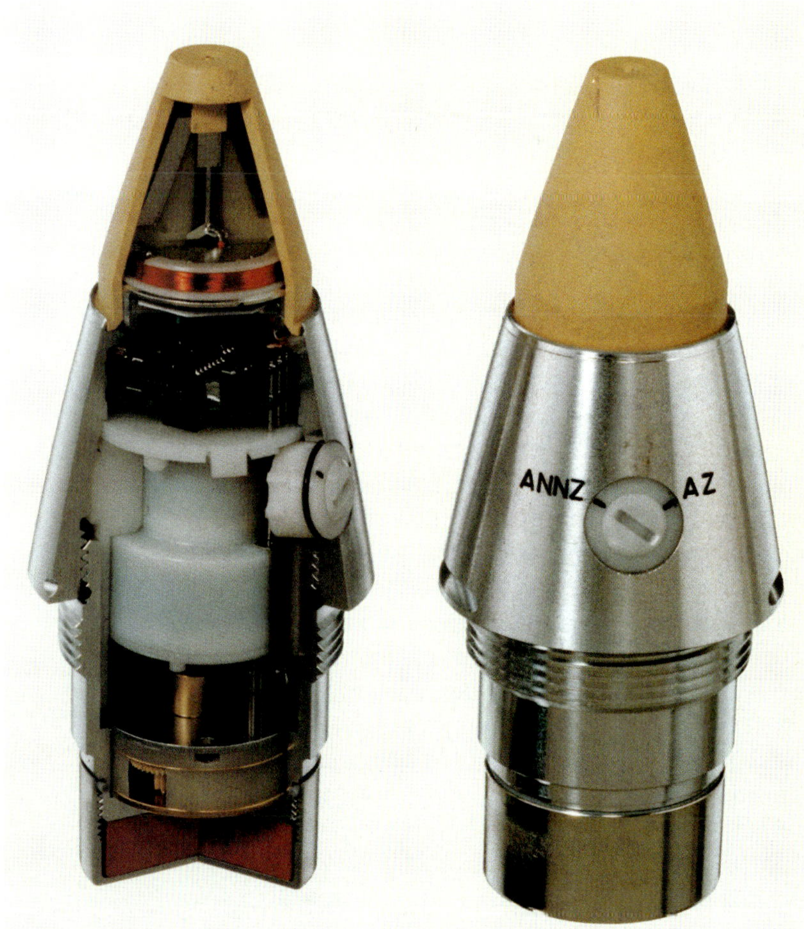

Die Geschichte

Die Geschichte der PzH 2000 beginnt bemerkenswerterweise mit einem Fehlschlag, nämlich mit dem durch Deutschland, Italien und Großbritannien vereinbarten Abbruch der trilateralen Entwicklung der PzH 70 im Jahre 1986. Viele Jahre hatten die drei Nationen sich bemüht, ihre Interessen zu vereinheitlichen, was sich schließlich als nicht möglich erwies.

Deutschland entschloss sich nun zum nationalen Alleingang, und zwei Industriekonsortien entwickelten danach von 1988 bis 1990 im Auftrag des BWB nationale Vorstellungen und entsprechende Prototypen einer PzH 2000. Dem Konzept Nord (Wegmann/MaK) wird nach gründlicher Bewertung und Auswahl der Vorzug vor dem Konzept Süd (Kraus-Maffei/ Rheinmetall/KUKA) gegeben. Wegmann fertigte nun in den Jahren 1991 bis 1993 vier Prototypen der neuen Panzerhaubitze. Nach bester Zusammenarbeit der amtlichen und industriellen Verantwortlichen können die erforderlichen Versuche (technische Erprobung und Truppenversuch) mit vier Prototypen 1994 beginnen. Sie finden in Deutschland, den USA und Kanada statt und führen bereits 1995 zur Erklärung der Truppenverwendbarkeit. 1996 wird die Einführungsgenehmigung unterzeichnet, und am 14. März 1996 erhält Wegmann den Fertigungsauftrag. 1998 wird die erste Serienhaubitze an die Truppe ausgeliefert.

1996 zeigt das neue Geschütz bei ausgedehnten Versuchen und Präsentationen im interessierten Schweden, dass es auch als Küstenartillerie-Geschütz vorzügliche Leistungen erbringen kann.

Die neue Panzerhaubitze findet heute weltweites Interesse und könnte es den Erfolgen der Kampfpanzer Leopard in ihrer Verbreitung durchaus gleichtun.

Technische Erprobung in Shilo (Kanada)

Versuche in Meppen im Jahr 1997

Vergleich mit der M 109 G

Seit 1964/65 ist die Brigadeartillerie des deutschen Heeres mit der Panzerhaubitze M 109 G, dem artilleristischen Arbeitspferd des Heeres, ausgestattet. Kampfwertsteigerungen und Nutzungsdauerverlängerungen haben sie immer wieder am Leben erhalten: So erhielt sie in den 80er Jahren ein längeres Rohr und damit eine größere Reichweite (knapp 25 km mit der größten Ladung). Daran anschließend brach auch für die M 109 das Datenverarbeitungszeitalter an – mit der Einbettung in IFAB (Integrierte Feuerleitmittel Artilleriebatterie) und Anfang der 90er Jahre mit der Einführung von AURORA (Autonome Richt- und Orientierungsausstattung Rohrartillerie). Damit sind die Geschützzüge der Rohrartillerie in der Lage, den

Panzerhaubitze M 109 A3 G

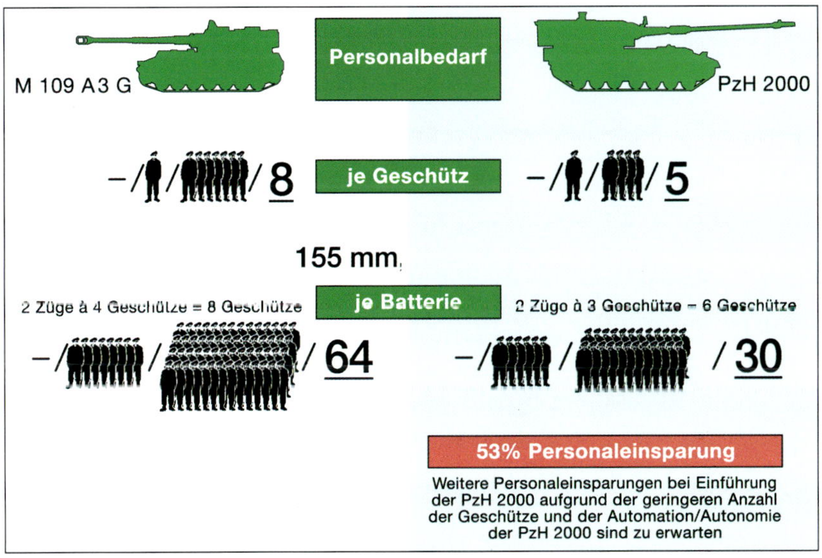

Feuerkampf mit sicheren Schießgrundlagen aufzunehmen. Seit einiger Zeit erfolgt eine Nutzungsdauerverlängerung bei der Firma KUKA, die die Munitionsversorgung der Panzerhaubitze und die Munitionshandhabung der Besatzung erheblich verbessert. Damit wird die M 109 A3 GE A1, wie ihre volle Bezeichnung lautet, voraussichtlich bis 2015 in Dienst – vor allem in der Rohrartillerie der HVK – bleiben. Sie war und ist ein gutes Geschütz, aber ein Vergleich mit den technischen, aber auch betriebswirtschaftlichen Leistungen und Daten der neuen Panzerhaubitze 2000 zeigt, dass dieses alte Geschütz der Rohrartillerie trotz aller Anstrengungen am Ende seiner Entwicklungsmöglichkeiten ist.

Leistungen und wirtschaftliche Fakten weisen nunmehr die PzH 2000 als das aus, was sie heute und für lange Zeit sein wird: die beste Panzerhaubitze der Welt.

Erprobung im Winter

PzH M 109

M 109 in Feuerstellung

Einsatz/Technik

Seit 1964 steht die Panzerhaubitze M 109, die amerikanischen Ursprungs ist, im Dienst des deutschen Heeres. Sie ist das Standardgeschütz der Artillerie.

Eine ganze Reihe von Kampfwertsteigerungen und die Einbettung in verschiedene Führungs- und Feuerleitsysteme (IFAB, ADLER) haben sie zu einem heute noch voll einsetzbaren Geschütz der Artillerie gemacht. Ihre volle Bezeichnung lautet mittlerweile M 109 A3 GE A1. Die Artilleriebataillone sind mit drei Batterien à acht Panzerhaubitzen ausgerüstet. Sie führen einerseits den „Allgemeinen Feuerkampf" und leisten andererseits die „Unmittelbare Feuerunterstützung" der Kampftruppen. Das Heer verfügt über 577 Panzerhaubitzen M 109.

Der Schutz (Leichtmetall) für die Besatzung oder die Reichweite des Feuers sind gegenüber den modernen Anforderungen nicht mehr ausreichend. Die M 109 ist bereits vor 40 Jahren konzipiert worden und wird am Ende ihrer Dienstzeit 50 (!) Jahre alt sein. Aber noch Anfang der 90er Jahre hat zum Beispiel AURORA (Autonome Richt- und Orientierungsausstattung Rohrartillerie) neuen Schwung in die M-109-Züge gebracht und derzeit macht eine Nutzungsdauerverlängerung (NDV) bei KUKA in Augsburg mit besserer Handhabung der Munition und anderen ergonomischen Verbesserungen der Geschützbesatzung das Leben leichter.

Auf dem Marsch

Zukunft

Die Panzerhaubitze M 109 wird schrittweise durch die moderne Panzerhaubitze 2000 ersetzt. Dieser Vorgang soll nach derzeitiger Planung im Jahre 2015 abgeschlossen sein. Eine lange Zeit also noch, in der die Panzerhaubitze M 109 auch in den nächsten Jahren das „Arbeitspferd" der Artillerie bleibt.

Rohrreinigung ist auch heute noch harte körperliche Arbeit

Technische Daten

Munition	155 mm (Spreng-, Nebel-, Leucht-, Bomblet-Munition mit Aufschlagzünder, Abstandszünder)
Höchstschussweite	knapp 25 000 m
Kampfbeladung	34 Schuss
Feuergeschwindigkeit	6 Schuss/min
Besatzung	1 Geschützführer 6 Kanoniere
Motorleistung	405 PS
Fahrbereich	350 km

MARS

Der Raketenwerfer als leichtgepanzertes Kettenfahrzeug (Variante US-Spähpanzer M2 „Bradley") mit Rollenlaufwerk und Waffenanlage

Die „Feuertaufe" bestand das Waffensystem MARS/MLRS (Mittleres Artillerie Raketen System/Multiple Launch Rocket System) 1991 im Golf-Krieg (Desert Storm), wo es von amerikanischen und britischen Streitkräften mit großem Erfolg, als „Battle-Winner" apostrophiert, eingesetzt wurde, während der Gegner den Beschuss respektvoll mit „Steel Rain" (Stahlregen) bezeichnete.

Inzwischen wird das Waffensystem MARS/MLRS in 16 Ländern eingesetzt.

Ausbildungsschießen auf einem Truppenübungsplatz

Entwicklung

Mit dem Leichten Artillerie Raketen System (LARS) (Kaliber 110 mm) auf dem Trägerfahrzeug LKW 7 t erhielt das Heer 1970 ein Raketenartilleriesystem mit begrenzter Reichweite von 14 km. Bereits Ende der 60er Jahre hatte die Entwicklung eines mittleren Raketenwerfersystems auf Leopard-1-Fahrgestell mit Kaliber 180 mm und einer Reichweite < 60 km begonnen, die später trilateral bis zur Prototypreife fortgeführt, jedoch 1977 aus logistischen (zu großes Kaliber) und finanziellen Gründen aufgegeben wurde.

Zur Erfüllung der weiterhin bestehenden konzeptionellen und operativen Forderungen nach einem mittleren Artillerie Raketen System wurde die USA als neuer Partner gewonnen. Nach Unterzeichnung einer Absichtserklärung im Dezember 1977 zur Einrichtung eines bilateralen Gemeinschaftsprogramms stellten die USA ihr laufendes Entwicklungsprogramm um, erweiterten die Systemkonstruktion zur Aufnahme eines Gefechtskopfes für Panzerabwehrmunition (AT-2), dem deutschen Entwicklungsanteil und nannten das System MLRS (Multiple Launch Rocket System).

1979 traten Frankreich und Großbritannien, 1982 Italien dem Programm bei.

Die US-Firma Vought Corp. erhielt den Auftrag, den Prototypen fertig zu entwickeln und die Fertigung vorzubereiten. Schon 1983 wurde die erste MLRS-Batterie durch die US-Army in Dienst gestellt.

Parallel dazu wählten die europäischen Staaten Deutschland, Frankreich und England – etwas später trat Italien hinzu – ihre nationalen „Leitfirmen“ aus, um die Durchführbarkeit eines europäischen Nachbaus des MLRS zu untersuchen. Es wurde festgelegt, dass die in USA und Europa gefertigten MLRS voll austauschbar und interoperabel sein sollten. Dies setzte einen weitgehend identischen Nachbau des US-Designs („built-to-print“) voraus.

Im Mai 1983 eröffneten die ausgewählten Firmen die „MLRS Europäische Produktions GmbH“. Die Beteiligungen der Gesellschafter orientierten sich an den nationalen Beschaffungsumfängen; die Firma Diehl hatte einen Anteil von 60 %.

Das Leichte Artillerie Raketen System (LARS) im scharfen Schuss

Mittlerer Artillerie Raketen Werfer mit gerichteter Waffenanlage

Zuführen von Munition im Lufttransport

Fertigung/ Beschaffung

Mit der Fertigung waren fünf Unterauftragnehmer beauftragt:

- Diehl GmbH & Co. KG für die Raketen und Integration im Abschussbehälter
- Aérospatiale für die Integration des Raketenwerfers mit Firma Wegmann für die Integration der deutschen Werfer
- Thyssen Henschel für die Integration der Trägerfahrzeuge
- BPD Difesa für die Raketenmotore
- MBB für den Raketensimulator

Weitere Firmen wurden im Wettbewerb und nach prozentualer Verteilung der nationalen Umfänge beteiligt.

Die Übergabe der ersten vier in Europa gefertigten Werfer an die vier beteiligten Nationen erfolgte Anfang 1990.

Einsatz/Nutzung

Das Waffensystem MARS/MLRS ist ein hochbewegliches, bis auf die Wettereingabe autonomes, allwetterfähiges Mehrfachraketensys-

Mit Raketen bestückter Munitionsbehälter

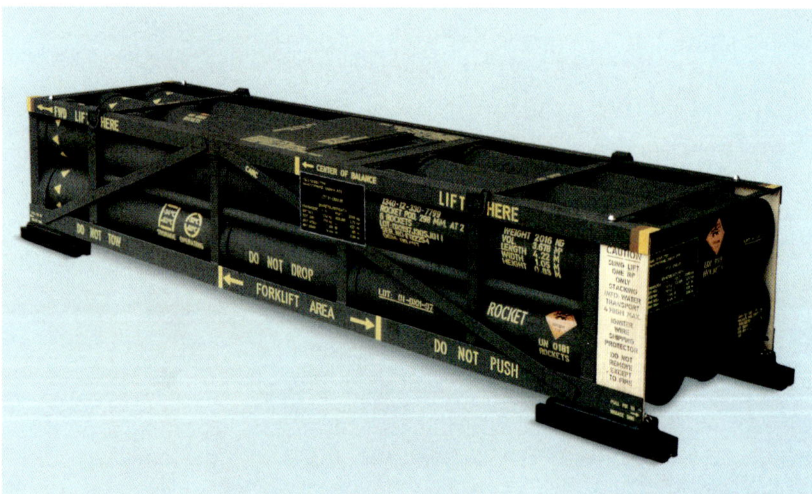

tem zur Bekämpfung von Flächenzielen. Es besteht aus:

- dem Raketenwerfer mit Waffenanlage und Ladeeinrichtung, Trägerfahrzeug, Bord-Feuerleitsystem, Waffenrichtanlage sowie Stromversorgungs- und Fernmeldeanlage;
- zwei wartungsfreien Einweg-Raketen-Lager-, Transport- und Abschussbehältern (Rocket Pod Container RP/C) mit jeweils sechs Raketen;
- dem national von Firma Dornier als Generalunternehmer (GU) entwickelten und gefertigten „Artillerie Raketen Einsatz System" (ARES) als Batteriefeuerleitstelle;
- dem Zugführer-Kfz MARS/ARES;
- den Munitionsfahrzeugen LKW 5 t gl (zukünftig Wechselladesystem MULTI);
- den mobilen Werkstattausstattungen MARS/MLRS Waffe, Fahrgestell und ARES (GU Firma Dornier).

Darüber hinaus stehen Ausbildungsmittel wie die Ausbildungsausstattung Verschuss 110 mm mit Anpasselektronik zum Verschuss der Raketen 110 mm LARS (GU Firma Dynamit Nobel), die Unterrichtsausstattungen ARES und MARS (GU Firma Dornier), der Raketensimulator MARS, die Instandsetzungsausbildungsausstattungen ARES, Waffe und Fahrgestell (GU Firma Dornier) sowie das Fahrschulfahrzeug MARS (GU Thyssen-Henschel) mit Fahrschulsimulator MARS (GU Krauss-Maffei) zur Verfügung.

Munition

Für das Waffensystem MARS werden/wurden international mehrere Munitionssorten als „MLRS Family of Munition" entwickelt. Deutschland hat folgende Munition beschafft bzw. war an deren Entwicklung beteiligt:

- Die **Bombletrakete M 77** enthält 644 Hohlladungs-Bomblets zur Bekämpfung weicher und halbharter Ziele bis zur Höchstschussreichweite von ca. 32 km. Die Wirkung einer Werferserie (zwölf Raketen) entspricht etwa dem Feuerschlag eines Artilleriebataillons mit 24 Panzerhaubitzen M 109.
- Die **Panzerabwehrrakete AT 2**, deren Gefechtskopf unter Führung der Firma Diehl entwickelt wurde. Zwei Raketenwerfer können mit 24 Raketen einen Geländeabschnitt von ca. 1800 m Breite mit einer Höchstschussweite bis zu ca. 40 km wirksam sperren.
- Die **Übungsrakete**, mit der ein Scharfschießen im Ausbildungsbetrieb durch Simulation von Bombletraketen mittels Rauchkörper ermöglicht wird.

Aufnahme der Munition am Werfer

Eingabe eines Kommandos

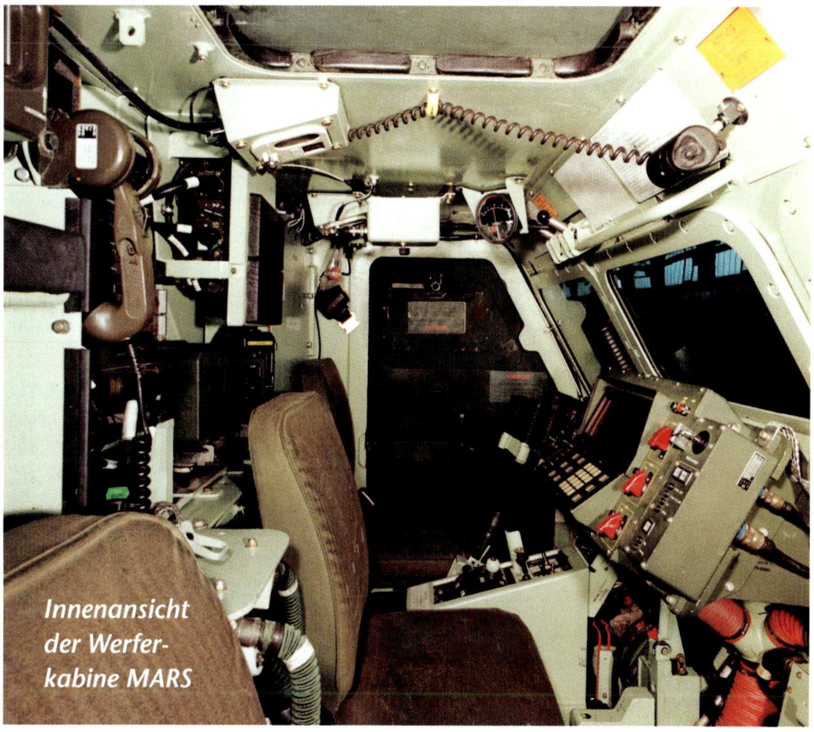

Innenansicht der Werferkabine MARS

Raketenwerfer MARS im scharfen Schuss mit Kaliberraketen

Technische Daten

Abmessungen (H/B/L)	ca. 2,9/3,1/7,1 m
Gefechtsgewicht	26,1 t
Motorleistung	373 kW
max. Geschwindigkeit	64 km/h
Fahrbereich	400 km
Schussentfernung	ca. 10 000 bis 40 000 m, abhängig von der Munitionssorte
Feuerarten	Serien (12 Raketen), Teilserien, Einzelraketen
Feuerfolge	12 (2 Behälter à 6 Raketen)
Feuergeschwindigkeit	12 Raketen in ca. 50 sec
Nachladezeit	ca. 10 min

Logistik

Die Multinationalität verlangt besondere Fähigkeiten zur Zusammenarbeit bei Bündnisverteidigung und Einsätzen im Rahmen internationaler Krisenbewältigung. Dies erfordert zur Erhaltung der Interoperabilität eine gemeinsame Logistik für dieses Waffensystem, die unter Einbeziehen der NATO Maintenance and Supply Agency (NAMSA) von den MLRS-Nutzerländern in einer für alle Mitgliedsländer gleichberech-

Internationaler Einsatz des Raketenwerfers MARS/MLRS

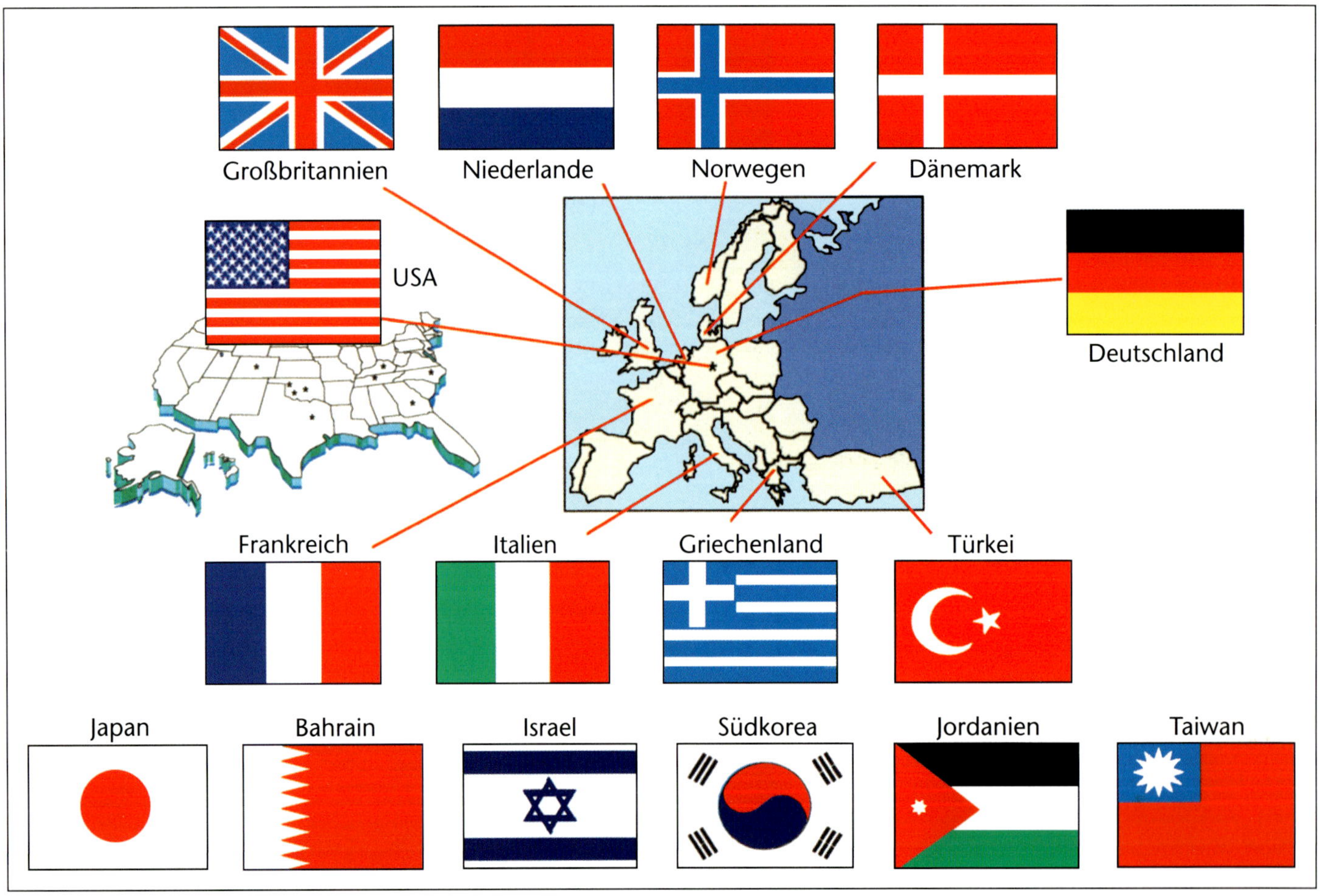

tigten „Waffensystempartnerschaft“ (Weapon System Partnership) unter Nutzung einheitlicher Verfahren, Ressourcen und Einrichtungen der NAMSA durchgeführt wird.

Artillerie Raketen Einsatz System (ARES) im Zugführer-Fahrzeug

Kampfwerterhaltung

Der MARS ist das wichtigste Waffensystem der deutschen Artillerie für den Kampf mit Feuer in die Tiefe und zur Feuerunterstützung der Kampftruppen bei freien Operationen. Das System besitzt ein großes Aufwuchspotential bezüglich Reichweite, Treffgenauigkeit, Wirkung, Reaktionszeit und Überlebensfähigkeit.

Für einen Transport des Waffensystems MARS im Transportflugzeug Transall C-160 wurde der Raketenwerfer so modifiziert, dass er ohne größere Demontagearbeiten und ohne Verlust der Interoperabilität in die Komponenten Fahrgestell und Waffenanlage zerlegt werden kann (GU Firma Wegmann).

Die fünf Staaten USA, Deutschland, Frankreich, Großbritannien, Italien entwickeln das System unter Führung eines gemeinsamen Lenkungsausschusses weiter.

Die Entwicklung eines neuen Feuerleitsystems für den Raketenwerfer sowie einer neuen Lenkrakete mit einer Reichweite von mindestens 60 km, deren Gefechtskopf mit unterschiedlicher Submunition versehen werden kann, werden zur Zeit verfolgt.

MARS/MLRS Gefechtskopf M 26

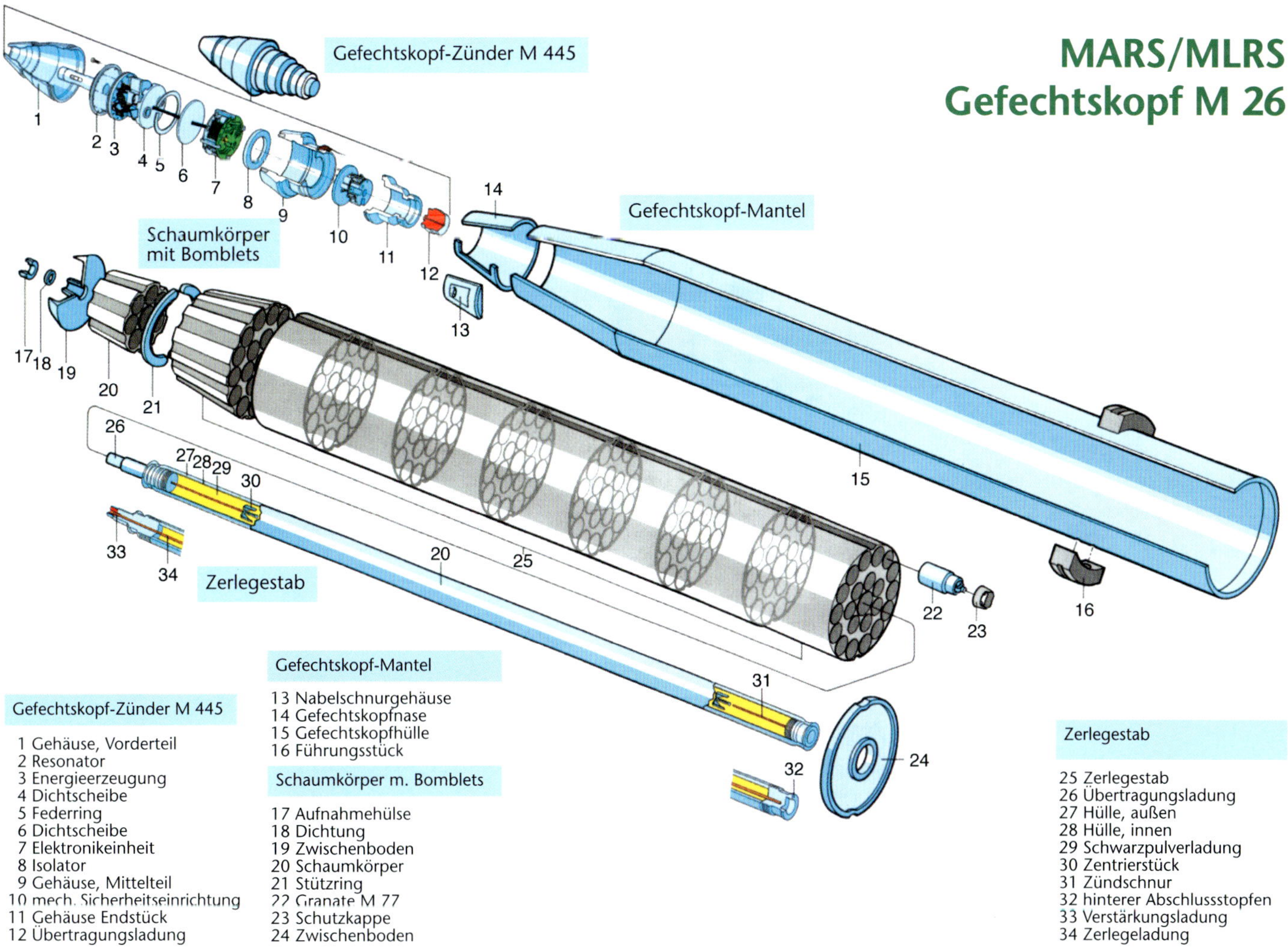

Gefechtskopf-Zünder M 445

1 Gehäuse, Vorderteil
2 Resonator
3 Energieerzeugung
4 Dichtscheibe
5 Federring
6 Dichtscheibe
7 Elektronikeinheit
8 Isolator
9 Gehäuse, Mittelteil
10 mech. Sicherheitseinrichtung
11 Gehäuse Endstück
12 Übertragungsladung

Gefechtskopf-Mantel

13 Nabelschnurgehäuse
14 Gefechtskopfnase
15 Gefechtskopfhülle
16 Führungsstück

Schaumkörper m. Bomblets

17 Aufnahmehülse
18 Dichtung
19 Zwischenboden
20 Schaumkörper
21 Stützring
22 Granate M 77
23 Schutzkappe
24 Zwischenboden

Zerlegestab

25 Zerlegestab
26 Übertragungsladung
27 Hülle, außen
28 Hülle, innen
29 Schwarzpulverladung
30 Zentrierstück
31 Zündschnur
32 hinterer Abschlussstopfen
33 Verstärkungsladung
34 Zerlegeladung

ADLER

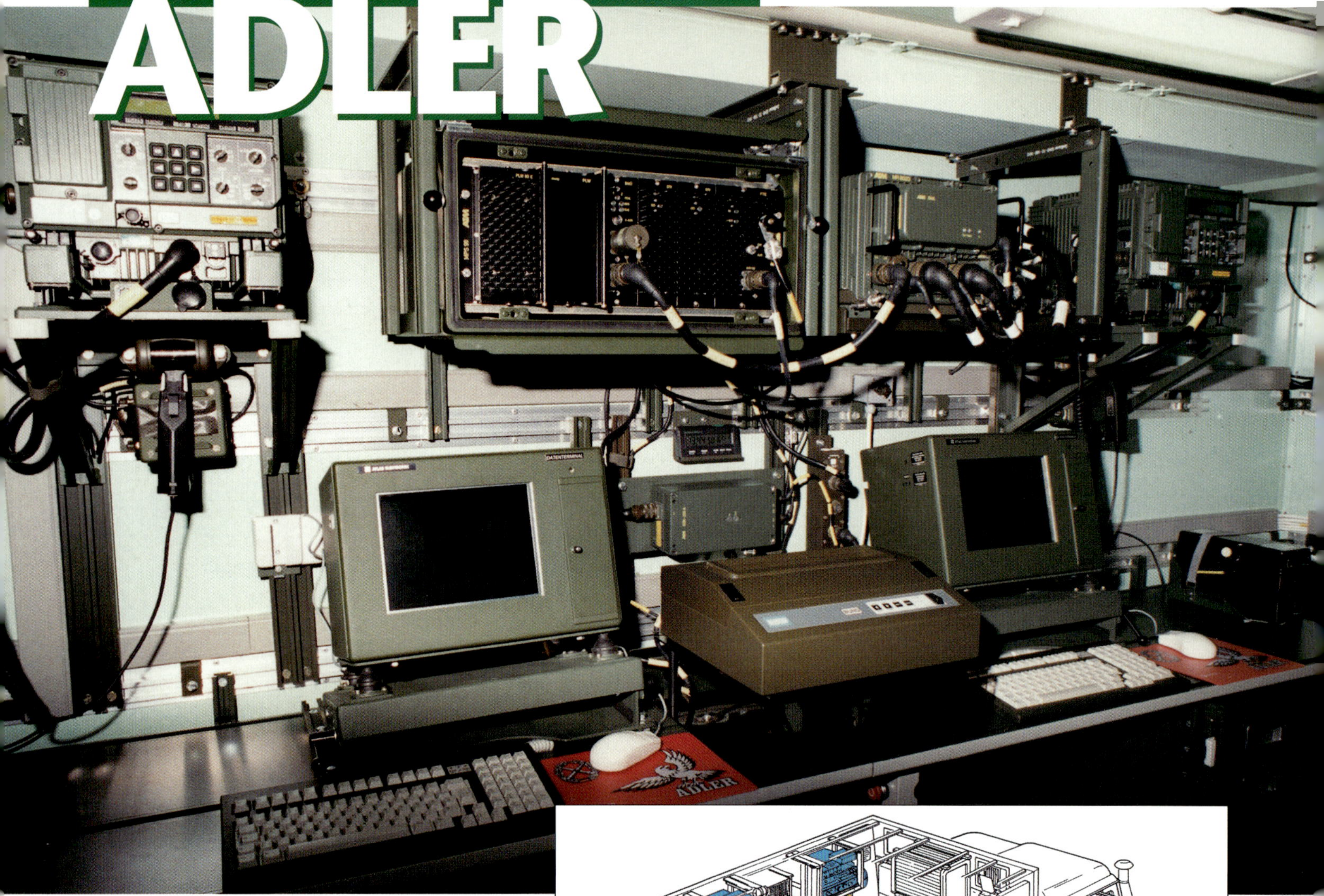

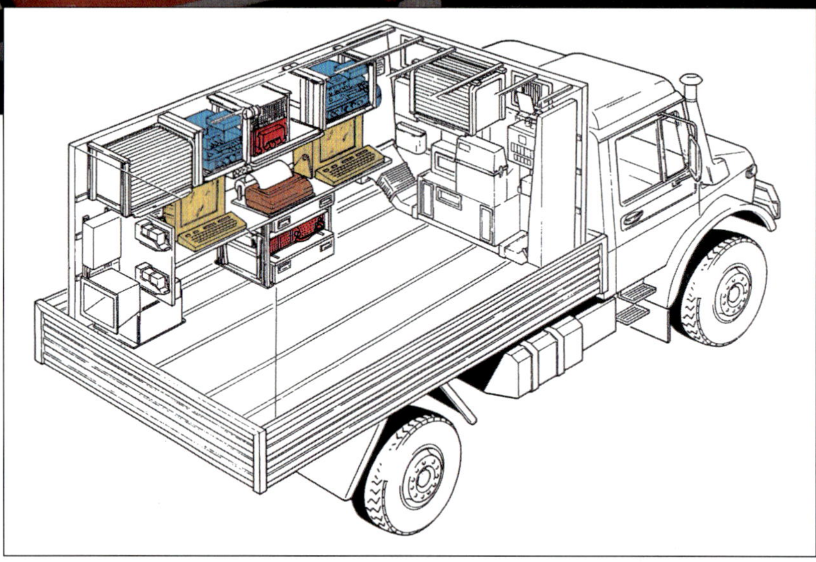

ADLER eingerüstet in einer Kabine

Im Gefecht der verbundenen Waffen unterstützt die Artillerie die Kampftruppe mit leistungsfähigen Aufklärungsmitteln, weitreichenden Waffensystemen und wirkungsvoller Munition.

Aus diesem Auftrag resultieren besondere Forderungen an Führung, Mobilität, Flexibilität und Reaktionsfähigkeit, die nur mit Unterstützung technischer Führungsmittel erfüllbar sind. Mit dem von der Firma ESG Elektroniksystem- und Logistik-GmbH, München entwickelten und im Mai 1995 eingeführten System ADLER (Artillerie-, Daten-, Lage- und Einsatz-Rechnerverbund) steht der Artillerie ein entsprechendes modernes, leistungsfähiges Führungs- und Waffeneinsatzsystem zur Verfügung.

ADLER unterstützt die Führung der Artillerie durch,

- Planung und Koordinierung des Mitteleinsatzes,
- Bearbeitung, Aufbereitung und Verteilung von Informationen und
- durch das Erstellen von Bekämpfungsvorschlägen mit Berechnung des zielbezogenen optimalen Waffen- und Munitionseinsatzes.

Mit seinen Schnittstellen realisiert ADLER den Verbund aller DV-gestützten Einzelsysteme der Artillerie und sichert so die Funktionsfähigkeit des Systems Artillerie. Das ADLER-Netz selbst ist nach den militärischen Führungsebenen gegliedert und legt ein Kommunikationsnetz über das gesamte Gefechtsfeld.

Leistungsdaten:

- Schnelle und sichere Bereitstellung aller Informationen für die Führung der Artillerie.
- Verkürzung der Reaktionszeiten für Feuerzusammenfassungen der Rohr- und Raketenartillerie.
- Kurzfristige Verlegung von Aufklärungs- und Wirkungsschwerpunkten.
- Abstimmung des Waffen- und Munitionseinsatzes auf das jeweilige Ziel.
- Beschleunigung des Informationsaustausches zwischen Aufklärungsmitteln und Waffensystemen sowie zwischen Truppenführer und Artillerieführer.

Test der Software in der Referenzanlage

Daten, die im Verbund ADLER an irgendeiner Stelle eingegeben werden, können so jeden Mitnutzer verfügbar gemacht werden. Datengesteuerte, automatische Umsetzungen ermöglichen ohne Bedienereingriffe den verzugslosen Informationsaustausch innerhalb des Systems Artillerie, zu den Führungsinformationssystemen des Heeres sowie zu den Artilleriesystemen der verbündeten Partnerstaaten und stellen so auch die Führungsfähigkeit der Artillerie in multinationalen Verbänden sicher.

Die Kommunikation des Systems ADLER gewährleistet die automatische, sichere Echtzeit-Übertragung und -Verteilung aller Informationen durch festformatierte Datentelegramme über VHF-Funk oder Drahtverbindungen.

Mit Übergabe der ersten ADLER-Fahrzeuge an die Truppe wurden auch die ebenfalls von der Firma ESG erarbeiteten Ausbildungsanlagen für Bediener und Instandsetzer, die Instandsetzungsausstattungen einschließlich elektronischer Dokumentation sowie die Referenzanlage für Software-Pflege und -Änderung in die Nutzung gegeben.

Instandsetzungsausstattung auf Palette

Arbeitsplätze im M 113

CL 289

Einbau der Kameras in die CL 289

Mit dem Aufklärungssystem Drohne CL 289 verfügt das Heer in der Truppengattung Artillerie über ein Mittel, das zur Lage-, Ziel- und Wirkungsaufklärung mit Luftbildaufnahmen auch in der Tiefe des Raumes eingesetzt werden kann. Die CL 289 der Firma Dornier GmbH hat seit dem Einsatz ab Februar 1997 in Bosnien-Herzegowina ihre Bewährungsprobe bestanden. Der Bekanntheitsgrad in der Öffentlichkeit wurde 1999 durch den Einsatz über dem Kosovo noch gesteigert.

Das Drohnenprogramm lief in der Entwicklungs- und Beschaffungsphase trilateral. Außer Deutschland waren Frankreich und Kanada beteiligt. Am Ende wurden für das deutsche Heer ab 1990 elf und für das französische Heer drei Systeme beschafft. Die Basissysteme sind jeweils identisch. Dazu gehören die Flugkörper, die Sensoren, die Startanlage (ohne Trägerfahrzeug), das Gerät für die Datendirektübertragung,

die Landebake, das Transportgerät, die Prüfgeräte für Instandsetzung, die Betankungs- sowie die Schnellentwicklungsanlage. Nationale Anteile des voll beweglichen Systems sind die Trägerfahrzeuge, Flugplanungsanlage, Luftbildeinsatz- sowie die Luftbildauswerteanlage.

Die Drohne wird von einem Werfer mit einer Startrakete gestartet und ist dann von außen nicht mehr steuerbar. Ein Düsentriebwerk sorgt für eine konstante Geschwindigkeit von 740 km/h. Die CL 289 fliegt einen vorprogrammierten Kurs von einer Länge bis zu 400 km und hat damit eine Eindringtiefe von etwa 170 km. Ein integrierter Bordrechner steuert sie während ihres Fluges. Es werden gleichzeitig eine Reihenbildkamera (Tageslichtkamera) und ein Infrarotsensor genutzt. Daten können bis zu einer Entfernung von 75 km zu einer Bodenstation übertragen werden. In Luftbildauswerteanlagen werden die erflogenen Daten rechnergestützt ausgewertet.

Der Radarrückstrahlquerschnitt ist durch die Form des Lenkflugkörpers gering. Zur weiteren Verringerung des Risikos, durch Flugabwehrwaffen bekämpft zu werden, fliegt die Drohne zwischen den zehn möglichen Sensorstrecken, die jeweils ca. zehn Kilometer lang sein können, in einer niedrigen Flughöhe. Die Landung erfolgt mit Fallschirm und Landekissen. Nach der Bergung wird die Drohne CL 289 für weitere Einsätze erneut aufgerüstet.

Fertig zum Start

Landung am Fallschirm

Technische und Leistungsdaten

Antrieb	Strahlturbine BMW Rolls-Royce T 117
Geschwindigkeit	740 km/h
Gesamtflugstrecke	60 bis 400 km
Gipfelhöhe	3 000 m über NN
Aufklärungshöhe	200 bis 1 200 m
Sensoren	Reihenbildkamera, IR-Linescanner
Sensorstrecken	bis zu 10

Keiler

Die Hauptbaugruppen des Trägerfahrzeugs sind:

- das Gehäuse mit der modifizierten Wanne des Kampfpanzers M 48 und dem Laufwerk,
- das Triebwerk mit dem Dieselmotor MB 871 Ka 501 der Firma MTU und dem Fahrgetriebe HSWL 284 M der Firma Renk,
- die eigenständige am Heck angebrachte mittige Räumspurmarkierung.

Die Hauptbaugruppen der Räumeinrichtung sind:

- das Pumpenverteilergetriebe mit den Hydraulikpumpen,
- die Hydraulikanlage mit der Versorgung der Stell-, Leistungs- und Nothydraulik,
- der Räumwellenrahmen mit den beidseitigen Räumwellenantrieben und der zweigeteilten Räumwelle,
- der Schwenkarm, der den Räumwellenrahmen fest einspannt und das Schwenken aus der Marsch- in die Räumfahrt ermöglicht,
- der Tragarm, der das Absenken des Räumwellenrahmens in die Eisenbahntransportstellung ermöglicht,
- die Elevations- und Tilteinrichtung für die horizontale und vertikale Geländeanpassung der zweigeteilten Räumwelle,
- die Höhenmesseinrichtung an den Räumwellenenden,
- die Bugabstützung, die für eine gleichmäßige Belastung des Laufwerks sorgt und damit das gesamte Fahrzeug stabilisiert.

Mit einem Einsatz des Minenräumpanzers (MiRPz) Keiler noch vor der Auslieferung der ersten Fahrzeuge an die Truppe hat Anfang der 90er Jahre wohl niemand gerechnet. Entwickelt wurde er für das Gefecht der verbundenen Waffen, um mit ihm unter Schutz gewaltsam Minensperren zu öffnen, die eigene Bewegungen auf dem Gefechtsfeld zu behindern drohen. Die Einführungsgenehmigung als Voraussetzung für eine Beschaffung erfolgte am Ende einer selten anspruchsvollen Entwicklung im Oktober 1991, als mancher sich fragte, ob das Heer der Zukunft eine derartige Ausrüstung noch benötige.

Dann jedoch hat der MiRPz so früh wie wohl selten neu entwickelte Ausrüstung noch vor der offiziellen Übergabe des ersten Seriengerätes an die Truppe – diese erfolgte im März 1997 – seine „Feuertaufe" erhalten. 1996 bereits erfolgte zunächst der Einsatz eines vorherigen Erprobungsmusters im ehemaligen Jugoslawien, bevor dann dort noch im selben Jahr die ersten beiden Serienfahrzeuge genutzt wurden. Gründe dafür waren: der Missbrauch von Minen, das Fehlen von Räummitteln und die Wirksamkeit des Keiler. In einem ersten Los sind zunächst 24 Räumfahrzeuge für Panzerpionierkompanien unter Vertrag.

Der Keiler ist ein Vollkettenfahrzeug mit einer schwenkbaren Räumeinrichtung. Die Entwicklung erfolgte unter Verwendung von Teilen des ehemaligen amerikanischen Kampfpanzers M 48. Dabei passte die verwindungssteife Gusswanne genauso in das Konzept wie das robuste, unverwüstliche Laufwerk. Die Räumeinrichtung arbeitet nach dem Prinzip der rotierenden, fräsenden Schlagelemente. An einer Welle vor dem Fahrzeug rotieren 24 gegeneinander ausgewuchtete rotationssymmetrische Werkzeuge, auch Elefantenfüße genannt. Sie fräsen den Boden auf und schleudern die Erde schräg nach vorn aus der

Der Keiler unmittelbar vor dem Räumeinsatz ...

... und im Räumeinsatz

Die Räumwerkzeuge, auch Elefantenfüße genannt

Technische und Leistungsdaten

Länge über alles	8670 mm
Breite über alles	3790 mm
Höhe über alles	3800 mm
Gesamtgewicht	53 t
MLC-Klasse	60
Besatzung	2 Mann
Räumbreite	4,70 m
Räumtiefe	+5 cm/-5 cm/-25 cm
Räumgeschwindigkeit	0,2 bis 4 km/h
Spezifischer Bodendruck	9,4 N/cm^2

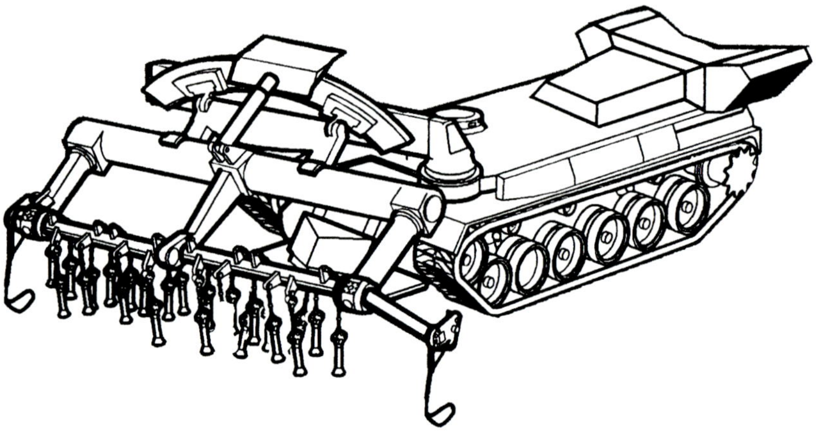

Der Transport in den Einsatz mit dem Schwerlasttransporter Elefant

Bahn des Fahrzeuges. Durch die Wucht von nahezu vier Tonnen Zentrifugalkraft eines jeden Elementes werden Gestein zermahlen und alle Minen zur Detonation gebracht oder zerstört.

Diese „offene" Rotationswalze mit einem Durchmesser von zwei und einer Länge von fast sechs Metern bietet detonierenden Minen eine nur minimale Angriffsfläche. Die Zerstörungswahrscheinlichkeit ist gering. Durch die Schrägstellung der Räumwelle um 20° bezogen auf die Fahrzeugquerachse überdecken sich die Wirkbahnen der einzelnen Räumwerkzeuge. Dadurch entsteht eine klar erkennbare sauber geräumte Gasse durch eine Minensperre. Es können offen oder verdeckt verlegte Minen bis zu einer Tiefe von 25 cm geräumt werden. Dabei beträgt die Räumgeschwindigkeit zwischen 0,2 und 4 km/h. Es gibt derzeit nichts Vergleichbares auf der Welt.

Der Keiler auf einer geräumten Fläche auf dem Flugplatz in Mostar/Bosnien

Räumen beim IFOR-Einsatz
in Bosnien/Herzegowina

Reinigen nach dem Einsatz (Mitte)
und Kontrolle der Elefantenfüße

Büffel

Unter den Panzerfahrzeugen sind die Bergepanzer „die Mädchen für alles": wenn manövrierunfähige Kampfpanzer geborgen oder ausgefallene Triebwerke bzw. schadhafte Türme gezogen werden müssen, wenn Trenn- oder Schweißarbeiten durchgeführt, Hindernisse geräumt oder Erdarbeiten ausgeführt werden müssen: immer dann erschallt der Ruf nach einem Bergepanzer. Auch bei Schneekatastrophen und Erdbeben haben sich Bergepanzer der Bundeswehr bewährt. Die besondere Forderung ist jedoch im schnellen Bergen eines schadhaften Kampffahrzeuges vom Gefechtsfeld zu sehen.

Mit Einführung des Kampfpanzers (KPz) Leopard 2 (55 t Gefechtsgewicht) war der Bergepanzer 2 (Fahrzeuggewicht: 40,6 t) bei vielen Bergeaufgaben überfordert. Diese Lücke wurde durch den Bergepanzer 3 Büffel geschlossen, dessen Leistungsprofil sich sowohl bei der Bemessung der Zugkräfte als auch der zulässigen Hublasten an Kampffahrzeugen der MLC 60 orientierte.

Systembeschreibung

Der Bergepanzer 3 basiert auf dem Fahrgestell des KPz Leopard 2 und ist mit einem um 270° schwenkbaren Kranausleger, einer Haupt- und einer Hilfswinde sowie einem Räumschild am Bug ausgerüstet. Zu den Hauptaufgaben des Bergepanzer 3 zählen:

Unterstützung auf dem Gefechtsfeld

- Bergen von Kettenfahrzeugen bis MLC 60 (ca. 55 t) im schweren Gelände sowie aus Gewässern,
- Abschleppen von schweren Kettenfahrzeugen im Gelände und auf Straßen,
- Sichern von Kettenfahrzeugen bei Gewässerdurchfahrten,
- Unterstützung bei Instandsetzungsarbeiten; z. B. Ziehen von Türmen und Triebwerken.

Ziehen eines Turmes

Darüber hinaus kann der Bergepanzer eingesetzt werden für:

- Transport eines kompletten Ersatztriebwerks (Masse: 6,2 t) auf dem Heck,
- Räumen von Hindernissen; Durchführen von Erdarbeiten,
- Be- und Enttanken von Fahrzeugen im Feld.

Die Leistungsfähigkeit und das Einsatzspektrum dieses Bergepanzers ist durch Verwendung neuer Technologien deutlich erhöht worden. So ermöglicht z. B. eine Schnellbergeeinrichtung am Räumschild die Bergung von Schadfahrzeugen auf dem Gefechtsfeld unter vollem Panzerschutz oder die Selbstbergeeinrichtung setzt ihn in die Lage, sich selbst rückwärts mit dem Hauptwindenseil aus einer kritischen Geländezone zu ziehen.

Bergen eines Kampfpanzers im Gelände

Einsatz in der Truppe

Im Zeitraum von 1992–94 wurden von der Firma MaK System Gesellschaft für die Bundeswehr 75 BPz 3 ausgeliefert. Mit diesem Bergepanzer sind alle Panzerverbände ausgerüstet, die als Hauptwaffensystem den KPz Leopard 2 besitzen. Neben der Bundeswehr wird der BPz 3 auch in der niederländischen Armee eingesetzt; Schweden, Österreich und Spanien beabsichtigen ebenfalls, dieses Unterstützungsfahrzeug einzuführen.

Technische Daten

Besatzung	3 Mann
Gefechtsmasse	54,3 t
Hauptwindenanlage	
(Einfachzug)	343 kN const.
Seitenlänge	180 m
Hilfswinde	
max. Zugkraft	6,5 kN
Seillänge	280 m
Krananlage	
max. Hakenlast	295 kN

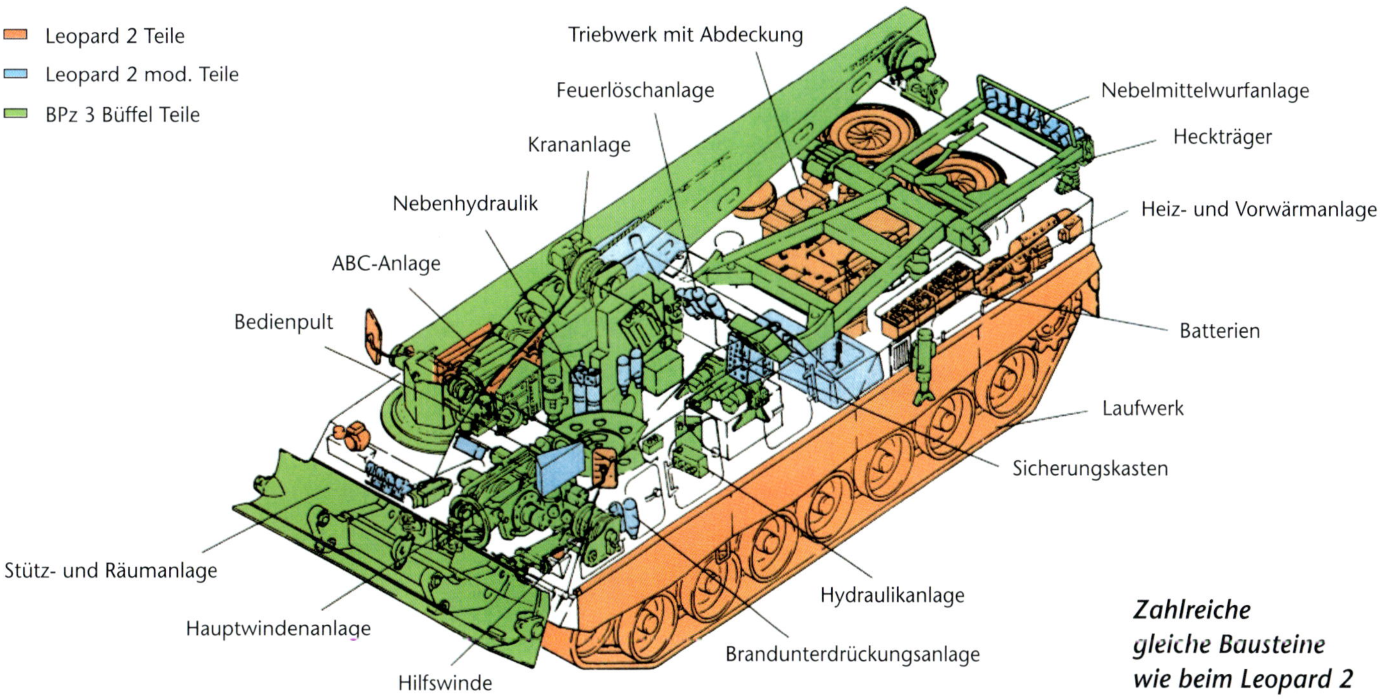

Zahlreiche gleiche Bausteine wie beim Leopard 2

Biber

Während des Transportes …

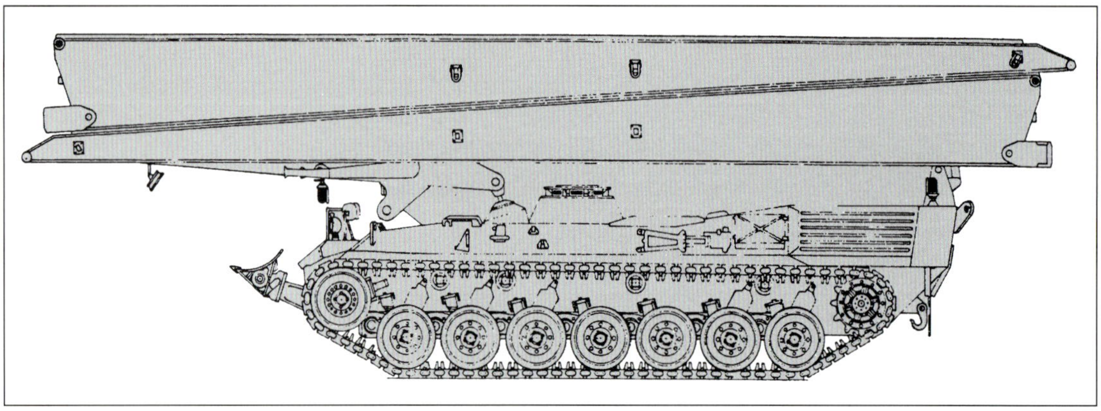

Obwohl die Panzerschnellbrücke Biber der Pioniere in der Regel älter ist als ihre Bediener – sie wurde in den Jahren 1973 bis 1975 gefertigt – beeindruckt sie immer noch und gilt in der technischen Lösung als modern. Sie wird als Brücke des Gefechtsfeldes bezeichnet und ist in die Panzerpionierkompanien der Brigaden integriert. Die Tragfähigkeit von MLC 60 setzt ihr bei immer schweren Gefechtsfahrzeugen ebenso Grenzen wie mittlerweile auch das Lebensalter.

und im Verlagevorgang bleibt die flache Silhouette erhalten

Der Biber ist ein gepanzertes Vollkettenfahrzeug der Leopard-1-Familie. Er dient als Transport- und Verlagefahrzeug für die Festbrücke. Die 22 m lange und 4 m breite Brücke lagert in der Transportstellung in zwei symmetrischen Hälften auf dem Haupt- und Heckausleger. Sie wird horizontal verschoben und im freien Vorbau über das Hindernis gelegt. Während der Verlegung wird die Standfestigkeit des Verlegefahrzeuges durch den Einsatz des Stützschildes erhöht. Der Einsatz einschließlich der Wiederaufnahme der Brücke kann unter Panzerschutz erfolgen.

Der Brückenlegepanzer Biber – bei der MaK Systemgesellschaft mbH, Kiel, unter Zulieferung der Brücke durch EWK Eisenwerke Kaiserslautern gefertigt – wurde mit 105 Verlegefahrzeugen und 124 Panzerbrücken an die Pioniertruppe der Bundeswehr geliefert.

Auch international war das System erfolgreich. Nutzerstaaten sind außerdem Australien, Kanada, Italien und die Niederlande.

Technische Daten

Besatzung	2 Soldaten
Gefechtsmasse	45,3 t
Motorleistung	610 kW
Antriebsleistung	13,5 kW/t
Fahrbereich Straße	450 km
Höchstgeschwindigkeit	62 km/h
Bodendruck	9,7 N/cm²
Panzerbrücke:	
Masse	9,8 t
Länge	22 m
Breite	4 m
Höchstlast	MLC 50 (ca. 55 t)

Der Beginn der Verlegung (oben)

Weiterer Verlauf (Mitte)

Das erste Gefechtsfahrzeug, hier ein Marder, überquert die Panzerschnellbrücke

Dachs

Wenn aus der Donau bei Ingolstadt nur ein Baggerarm aus dem Wasser ragt, ist der Zuschauer überrascht und beeindruckt. Es ist der Pionierpanzer 2 Dachs, der sich und den folgenden Gefechtsfahrzeugen die Ausfahrt aus dem Gewässer vorbereitet. Seit Anfang der 90er Jahre verfügt die Pioniertruppe über diese Fähigkeit. Natürlich ist dies nicht die einzige Aufgabe dieser gepanzerten Pioniermaschine.

Um die Leistungsfähigkeit der Truppengattung auf dem Gefechtsfeld zu verbessern, war von der Firma MaK System Gesellschaft mbH auf der Basis des Kampfpanzers Leopard 1 der Pionierpanzer 2 (PiPz 2) Dachs entwickelt worden. Der grundsätzliche Aufbau entspricht dem Bergepanzer 2 mit vorn liegendem Kampfraum zur Aufnahme der Besatzung von drei Mann sowie der Hauptwinde und der Hydraulikanlage. Im Heck befindet sich das Triebwerk. Am Fahrzeugbug rechts ist der Teleskopbagger gelagert, der in Marschstellung auf der rechten Fahrzeugseite abgelegt ist. Außerdem befindet sich am Fahrzeugbug das über die gesamte Fahrzeugbreite verlaufende Räumschild. Dies kann durch zwei anbaubare Seitenteile jeweils um 250 mm verbreitert werden.

Die Pioniertruppe der Bundeswehr hat mit der Einführung 1989 Anfang der 90er Jahre 140 PiPz 2 erhalten, die aus 36 Pionierpanzern 1 und 104 Bergepanzern 2 umgerüstet worden waren. Die Aufgaben sind das Herstellen von Ein- und Ausfahrten sowie Zu- und Abfahrten an Gewässern, Bearbeiten des Gewässergrundes,

Technische und Leistungsdaten

Gefechtsmasse	43 t
Spezifischer Bodendruck	9,0 N/cm^2
Spezifische Antriebsleistung	14 kW/t
Hauptwinde:	
Zugkraft	350 kN
Seillänge	90 m
Baggeranlage:	
Schwenkwinkel	195 Grad
Wippwinkel	+/-60 Grad
Inhalt Tieflöffel	1,1 m^3
Baggerleistung	140 m^3/h
Hebelast	7,7 t
Räumschild:	
Breite o./m. Seitenteilen	3250/3750 mm
Räumleistung	270 m^3/h

Anlegen und Beseitigen von Sperren auf dem Gefechtsfeld und als Nebenaufgaben Bergehilfe, Erdarbeiten, Verladen von Schüttgut auf LKW und Heben von Lasten.

Besondere Merkmale

- Für die Baggeranlage verfügt das Fahrzeug über eine Fernsteuerung, so dass Baggerarbeiten in Gewässern vom Tauchschacht aus durchgeführt werden können.
- Durch zusätzliche Maßnahmen wurden Triebwerk und Fahrwerk für den Dauereinsatz unter Wasser ausgelegt.
- Die pioniertechnische Ausrüstung (Bagger, Räumschild) wird durch einen neuartigen hydraulischen Antrieb versorgt, der als Mehrkreissystem arbeitet (maximaler Arbeitsdruck 300 bar).
- Das Fahrzeug verfügt über eine Schneid- und Schweißanlage.

Der Pionierpanzer Dachs im Anmarsch (oben), vor dem Einsatz (Mitte), beim Gewässerübergang in der Morgendämmerung (unten)

Faltfestbrücke

Das Entfalten der Brückenabschnitte erfolgt beim Anheben selbständig und wird hydraulisch abgebremst

Eine Brücke für schwere Lasten – z. B. für den Kampfpanzer Leopard 2 – von 40 m Länge in etwa einer Stunde zu bauen, war immer ein Traum der Pioniere. Dass dies sogar mit nur sechs Soldaten auf relativ engem Raum möglich ist, überrascht. Mit der Faltfestbrücke (FFB) ist diese Vorstellung seit 1998 bei der deutschen Pioniertruppe Realität.

Entwickelt wurde diese technisch faszinierende Brücke von der Firma Eurobridge Mobile Brücken GmbH, Friedrichshafen, einer Dornier-Tochter, die zur DaimlerChrysler Aerospace AG (Dasa) gehört. Das Besondere an ihr ist, dass erstmals eine auch über rein miltitärische

Nutzung hinaus einsetzbare Brücke dieser Länge mechanisch gebaut werden kann. Dadurch spart und schont sie Personal. Die Pioniertruppe hat zehn Sätze erhalten. Das Interesse des Auslandes ist groß.

Zum Bau sind nur wenige Soldaten erfolderlich

Technische Beschreibung

Ein Satz Faltfestbrücke (FFB) besteht aus 54 m Brückengerät der Lastenklasse MLC 70, zwei Brückenverlegefahrzeugen, fünf Brückentransportern, jeweils LKW MAN 15 t A1.1, sowie einem LKW 10 t mit einem Aufbaugerätesatz – insgesamt also aus acht Fahrzeugen. Mit dieser Satzzusammenstellung sind folgende Brückenkombinationen möglich:

- 40 m und 14 m,
- 34 m und 20 m,
- zweimal 27 m.

Der Brückenverleger ist mit einem Ladekran von 4 750 kg Tragfähigkeit, Stützanlage und Verlegeeinrichtung ausgestattet. Die Festbrucke wird aus Innenabschnitten (6,40 m Länge), Rampenabschnitten (7,10 m Länge) und 3,90 m langen Schlepprampen zusammengesetzt. Der 4,40 m breite und 1,25 m hohe Brückenquerschnitt besteht aus zwei rechteckigen, nach unten offenen Spurträgern und der Fahrbahnmittelplatte. Gefaltet verladen entfaltet sich der Bruckenabschnitt hydraulisch gedämpft selbst.

Faltfestbrücke im Bau

Technische und Leistungsdaten

Militärische Lastenklasse	MLC 70 (Panzer)
	MLC 35 (Radfahrzeuge)
	MLC 100 (Ausnahmelast)
Spannweiten (m)	13,9/20,3/26,7/33,1/39,6
Brückenbreite	4,40 m
Personal	14 Soldaten (mit 6 möglich)
Verlegezeit	70 min für 40 m
Bauplatzgröße	18 m Tiefe, 7 m Breite
Werkstoff	Aluminium-Zink-Magnesium-Legierung

Unter extremer Belastung

Regellasten sind MLC 70 für Ketten- und MLC 35 für Radfahrzeuge bei einer Überfahrgeschwindigkeit von 25 km/h. Eine Ausnahmelast von MLC 100 bei Schrittgeschwindigkeit ist zugelassen.

Amphibie M 3

Seitenschwimmkörper eingelegt (oben) und ausgeschwenkt

Das schnellste Schwimmbrückengerät zum Bau von Fähren oder Brücken über ein Gewässer ist unbestritten ein amphibisches Gerät, das Transportfahrzeug zu Land und zu Wasser sowie die Brücke vereint. Nach den guten Erfahrungen mit der Amphibie M 2, die annähernd 30 Jahre bei deutschen und britischen Pionieren im Dienst war, war es folgerichtig, dass beide Nationen wiederum gemeinsam einen Nachfolger entwickelten und beschafften.

Die Schwimmschnellbrücke Amphibie M 3 ist ein amphibisches, allradgetriebenes und geländegängiges Vierradfahrzeug. Sie wird zum schnellen Bau von Fähren und Schwimmbrücken zur unmittelbaren Unterstützung von Kampftruppen über mittlere und breite Gewässer dort eingesetzt, wo Panzerbrücken nicht mehr ausreichen. Mit acht M 3 können 100 m Schwimmbrücke MLC 70 in weniger als 30 Minuten gebaut werden. Die Bedienung eines Fahrzeugs besteht aus drei Soldaten.

Hauptkomponenten:

- Hauptschwimmkörper. Hier sind das Fahrerhaus und die Antriebsanlage für den Einsatz an Land und auf dem Wasser integriert.
- Zwei hydraulisch ausschwenkbaren Seitenschwimmkörpern.
- Drei Rampen, die zur Verbindung der Einzelfahrzeuge zur Fähre und Brücke, der Bildung der Brückenfahrbahn sowie als Auf- oder Abfahrrampe dienen.

Fähre MLC 70 Kette

Brücke MLC 70 K, MLC 100 Rad

Wie auch den Vorgänger M 2 ist diese moderne Amphibie bei der Firma EWK Eisenwerke Kaiserslautern GmbH entwickelt und gefertigt worden. Sie ist das Ergebnis aus 40 Jahren Erfahrung in Entwicklung, Konstruktion und Fertigung von Schwimmbrücken und Übersetzgeräten wie Gillois Fahrzeuge, Amphibie M 2 und Faltschwimmbrücke, für die Armeen von: Ägypten, Australien, Belgien, Deutschland, Kanada, Großbritannien, Frankreich, Nigeria, Portugal, Schweden, Singapur, Türkei, USA und Brasilien.

Die britische Pioniertruppe erhielt von 1996 bis 1999 38 Amphibien M 3, die deutsche 30 Fahrzeuge. Mittlerweile gibt es einen ersten erfolgreichen Export durch EWK nach Taiwan.

Technische und Leistungsdaten

Fahrzeug	
Länge über alles	12,82 m
Breite (Seitenschwimmkörper eingelegt)	3,35 m
Breite (Seitenschwimmkörper ausgeschwenkt)	6,57 m
Höhe (Räder in Normalstellung)	3,97 m
Gesamtgewicht einschließlich Besatzung	25 300 kg
Fähren und Brücke	
Tiefgang Einfachfähre ohne Nutzlast	0,54 m
Tiefgang Zweifachfähre mit Nutzlast MLC 70	1,02 m
Nutzbare Fahrbahnbreite	4,76 m
Leistungen	
Geschwindigkeit Straßenfahrt	80 km/h
Wasserfahrt Zweifachfähre mit Nutzlast	10 km/h

262 m Brücke aus 22 Amphibien über die Elbe, eine gemeinsame Übung britischer und deutscher Pioniere

Gepard

Flugabwehr-kanonenpanzer in scharfen Schuss

Die ersten Überlegungen zur Entwicklung eines modernen Flugabwehrwaffensystems begannen mit Aufstellung der Bundeswehr.

Nach verschiedenen konkurrierenden Entwicklungen und Erprobungen in den 60er Jahren wurden 1970 nur noch die Prototypen mit einer 35-mm-Bewaffnung weitergeführt und die Einführungsgenehmigung 1973 erlassen.

In einem ersten Vertrag erhalten die Firma Krauss Maffei Wehrtechnik (Systemverantwortung und Fahrgestell), die Firma Wegmann und Co. (Turm und Waffenanlage) und die Firma Siemens AG (Feuerleitanlage) den Auftrag, 122 FlakPz B1 zu fertigen. Die Firma Oerlikon Contraves übernimmt die Verantwortung in der Serienreifmachung.

Die ersten Fahrzeuge erhielt die Truppe 1976. In den Folgejahren wurden insgesamt 432 FlakPz beschafft, davon 370 in der Ausführung B2 L (mit Laserentfernungsmesser). Nach Strukturänderungen sind derzeit 338 FlakPz B2 L in den aktiven und nichtaktiven Panzerflugabwehrverbänden in der Nutzung; 147 werden in einem ersten Los zum FlakPz 1 A2 umgerüstet.

Systembeschreibung

Der FlakPz 1 Gepard ist ein mobiles und voll autonomes Waffensystem zur Bekämpfung von Flugzielen bis zu einer Entfernung von 2 500 m; in Einzelfällen können auch leicht gepanzerte Bodenziele bis 1 500 m bekämpft werden.

Auf dem Marsch

Die entscheidenden Forderungen an dieses Waffensystem werden durch die Hauptkomponenten Feuerleitanlage, Waffenanlage (Munition) und Fahrgestell erfüllt. Die Feuerleitanlage setzt sich aus dem Such- und Folgeradar, dem elektromechanischen Feuerleitrechner, der Anlagelogik, der V_0-Messanlage und den optischen Richtmitteln (Periskope) zusammen. Dabei ist das zentrale Element der Feuerleitrechner. Aus den kontinuierlich vorliegenden Zieldaten (Entfernung, Höhenwinkel, Seitenwinkel) werden zunächst die Fluggeschwindigkeit und voraussichtliche Flugbahn ermittelt. Darauf aufbauend werden Treffpunkt von Flugziel und Geschoss sowie der für die Bekämpfung erforderliche Vorhalt berechnet. Die Zieldaten werden durch Such- und Folgeradar auch während der Fahrt und unter ECM-Bedingungen gewonnen.

Innerhalb von ca. 6 sec nach Auffassen des Zieles sind die Waffen feuerbereit. Die beiden 35-mm-Maschinenkanonen bringen mit einem Feuerstoß von 3 sec Dauer etwa 50 Schuss mit hoher Geschossanfangsgeschwindigkeit (Vo) und geringer Streuung in den Zielraum; die Kadenz der beiden Waffen beträgt 1 100 Schuss/min.

Das Fahrgestell entspricht im wesentlichen dem Kampfpanzer Leopard 1, ist jedoch weniger stark gepanzert. Dadurch ergibt sich eine dem Kampfpanzer ebenbürtige Beweglichkeit auf Straßen und im Gelände. Für den Kampfraum

steht eine kollektive ABC-Schutzbelüftungsanlage zur Verfügung. Um die geforderten, kurzen Reaktionszeiten zu erreichen, benötigen die relativ großen Massen von Turm und Waffen extrem leistungsfähige Richtantriebe. Zwei Gleichstromgeneratoren (Metadyne) mit guten Regeleigenschaften liefern die notwendige Leistung. Die Generatoren werden von einem im Wannenbug untergebrachten Vierzylinder-Dieselmotor (66 kW) angetrieben.

Besatzung

Zur Bedienung des FlakPz 1 Gepard sind neben dem Fahrer zwei weitere Soldaten erforderlich. Der Kommandant führt das Fahrzeug im Gefecht der verbundenen Waffen, leitet den Feuerkampf und hält die Verbindungen; der Richtkanonier bekämpft Flug- und Erdziele. Aufgrund der hohen Anforderungen, die das Waffensystem an die Besatzung stellt, und Sicherstellung eines längeren Einsatzes sind Wechselbesatzungen vorhanden.

Ausbildung

Eine Ausbildungsanlage FlakPz (AAF) zur Erstausbildung der Richtkanoniere, der Übungskampfraum (ÜKR) als Nachbildung des Kampfraumes für die Gemeinschaftsausbildung Kommandant und Richtkanonier, der Flugzielsimulator (FZS) sowie die Schuss- und Taktikauswerteanlage unterstützen die Ausbildung an den Originalgeräten.

Die zukünftige Ausbildungsanlage Simulator Flugabwehrkanonenbatterie (ASF) ersetzt die Ausbildungsgeräte ÜKR und FZS und benötigt das Großgerät in der Ausbildung nicht mehr.

Weiterentwicklung zum FlakPz 1A2 Gepard

Um den FlakPz auch zukünftig wirtschaftlich einsetzten zu können, erfolgte ab 1994 die Durchführung von Maßnahmen zur Nutzungsdauerverlängerung (NDV). Wesentliche Elemente des FlakPz 1 A2 sind die digitale

Gepard in Stellung

Arbeitsplatz des Kommandanten

Abwehr eines Tieffliegerangriffs

Regel- und Steuereinheit als Ersatz des Analogrechners, die Integration in das Heeresflugabwehr-Führungs- und Aufklärungssystem (HFlaAFüSys) und die FAPDS Munition (Frangible Armour Piercing Discarding Sabot).

Internationaler Einsatz

Der Flakpanzer Gepard wird – mit einer anderen Radarausstattung – auch im niederländischen (95 Fzg.) und im belgischen (55 Fzg.) Heer eingesetzt. Rumänien erwarb als neuer NATO-Partner 48 Fahrzeuge von Deutschland.

Ausbildung am Flugsimulator

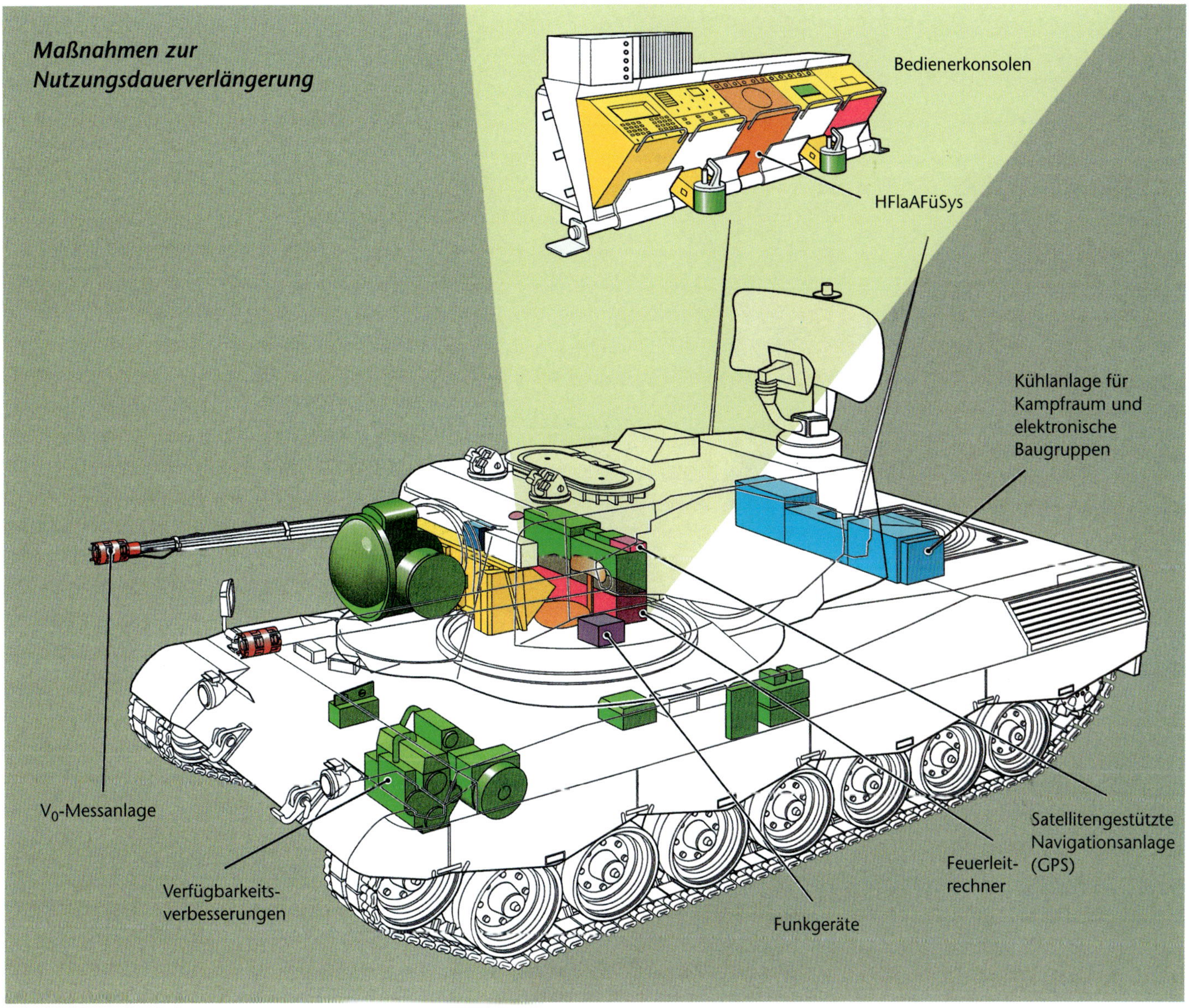

Technische Daten

Abmessungen	Länge 7,76 m Breite 3,40 m Höhe 3,21 m
Gefechtsmasse	46,3 t
Kampfbeladung	680 Patronen davon 2 x 20 im Hartkern-magazin
Reichweite	
– Suchradar	0–3 000 m
– Folgeradar	300–15 000 m
– Entfernungsmesser Laser	320–5 117,5 m
Motorleistung	610 kW (830 PS) bei 2 200 U/min
Fahrbereich Straße	560 km
Höchstgeschwindigkeit	65 km/h
spezifischer Bodendruck	9,7 N/cm^2

FlakPz Gepard 1A2

LeFlaSys

Waffenträger und Aufklärungsfahrzeug in Stellung

Auftrag und Einsatz

Aufgabe der Heeresflugabwehr ist der Kampf gegen feindliche Luftstreitkräfte, um die operationelle Handlungsfreiheit des Heeres in jedem denkbaren feindlichen Umfeld zu erhalten. Der Schutz leichter oder luftbeweglicher Truppen hat durch den Einsatz bei friedensschaffenden oder friedenserhaltenden Maßnahmen dabei vermehrt an Bedeutung gewonnen. Diesen Anforderungen will die Heeresflugabwehrtruppe mit dem Leichten Flugabwehrsystem (LeFlaSys) gerecht werden, das von 2000 an (Aufstellung eines Zuges) in das Heer eingeführt wird.

Drei Batterien des LeFlaSys werden aufgestellt. Dabei ist die leichte FlaRakBatterie eine selbständige Einheit mit Batterieführungselementen, drei leichten Flugabwehrraketenzügen und einem logistischen Anteil. Jeder der drei Züge ist mit fünf Waffenträgern (WT) Ozelot und einem Aufklärungs- und Feuerleitfahrzeug (AFF) – beide auf Wiesel 2 der Firma MaK als Trägerfahrzeug – ausgerüstet. Aufklärung und Feuerleitung sind der Zugebene zugeordnet, Flugziele werden mit Lenkflugkörpern (Stinger oder IGLA) bekämpft, von denen vier am Startgerät des Waffenträgers zu finden sind.

In einem charakteristischen Feuerkampf wird das feindliche Flugziel bei Tag und Nacht und bei jedem Wetter je nach Gelände bis 20 km Entfernung im bodennahen Luftraum durch das 3D-Radar des AFF aufgeklärt und verfolgt und schließlich – wenn als feindlich erkannt – an den Waffenträger übergeben. Mit den Komponenten einer Sensorbox und dem Feuerleitrechner ist der Kommandant in der Lage, bis zu vier Ziele zeitverzugsarm zu bekämpfen. Die Feuereinheit ist der Zug.

Das LeFlaSys befindet sich in der Beschaffung, nachdem die Einführungsgenehmigung Mitte 1998 erteilt worden ist. Hauptauftragnehmer für das Vorhaben ist STN ATLAS Elektronik in Bremen, Konsortialpartner ist Krauss-Maffei Wegmann, München und Kassel. Unterauftragnehmer sind unter anderen MaK (Wiesel) aus Kiel, EMS (3D-Radargerät auf AFF) aus Schweden, PTO (passives Rundsuchgerät auf dem WT) aus Großbritannien und BGT (Multiple Launch System) aus Überlingen am Bodensee.

Leichte Flugabwehr-Raketen-Batterie

- 1 Batterieführungsfahrzeug (BF)
- 1 Fahrzeug Unterstützungszelle Flugabwehr (UF)
- 1 Schnittstellenfahrzeug (SF)
- 1 Aufklärungs- und Feuerleitfahrzeug (AFF)
- 15 Waffenträger (WT)
- 3 Fahrzeuge Werkstattausstattung (WSA)

Technisches Konzept

Der Waffenträger baut auf dem Grundfahrzeug des Wiesel 2 auf. Das Fahrzeug ist im Bereich des Kampfraumes mit einer ablegbaren Lafette ausgerüstet, die vier Launcher für die Flugkörper (Stinger oder andere) aufnimmt. Hinzu kommt eine Sensorbox, die aus einem passiven Infrarotsensor plus Videotracker (IRST = Infrared Search and Track), einem Wärmebildgerät, einer Tagsichtkamera und einem Laserentfernungsmesser besteht, mit deren Hilfe der Kommandant den Feuerkampf führt.

Auch für das Aufklärungs- und Feuerleitfahrzeug des Zugführers bildet der Wiesel 2 das Basisfahrzeug. Mit seinem 3D-Radar kann ein Ziel bis zu 20 km aufgeklärt werden. Die Übergabe der Zieldaten per Datenfunk erfolgt danach an die WT, wenn das Freund-Feind-Kennungssystem (IFF) das Ziel als feindlich erkannt hat. Hier übernimmt der Kommandant mit seiner Sensorbox. Alle Aufklärungsergebnisse werden durch Herstellung eines Aufklärungsdatenver-

Technische und Leistungsdaten

Aufklärungs- und Feuerleitfahrzeug (AFF)
3D-Radar, Reichweite 20 km
Aufklärungsverbund und Feuerleitung mit Datenfunk

Waffenträger (WT)
Passiver Infrarotsensor
Wärmebildgerät
Tagsichtkamera
Laser-Entfernungsmesser
Videotracker
8 Lenkflugkörper, davon 4 am Startgerät
Verschuss von Stinger und IGLA:
Max. Kampfentfernung 6 000 m,
mögliche Adaption weiterer LFK bis 25 kg Gewicht

Batterieführungsfahrzeug (BF)
Führung der Batterie mit Sprech-/Datenfunk

Basisfahrzeug Wiesel 2

Länge	4135 mm
Breite	1820 mm
Höhe (Einsatzposition)	2830 mm
Höhe (Fahrposition)	1900 mm
Bodenfreiheit	306 mm
Besatzung (max.)	2
Höchstgeschwindigkeit	70 km/h
Zul. Gesamtgewicht	4100 kg
Motorleistung	85 kW

3D-Radar des Aufklärungs- und Feuerleitfahrzeuges auf einem Wiesel 2 der Firma MaK

Vier Lenkflugkörper Stinger oder IGLA sind am Startgerät, vier Lenkflugkörper im Fahrzeug

bundes verdichtet. Der Zugführer hat damit die Möglichkeit der sinnvollen Zielzuweisung an seine einzelnen Waffenträger.

Jede Batterie besitzt darüber hinaus zur taktischen Führung ein Batterieführungsfahrzeug (BF) für den Batteriechef, ein Schnittstellenfahrzeug (SF) für den Luftlagedatenaustausch mit der integrierten Luftverteidigung, ein Fahrzeug Unterstützungszelle Flugabwehr (UF) zur Einbindung in den übergeordneten Großverband und drei Fahrzeuge für die Werkstattausstattung (WSA).

Zum Schutz der Besatzungen stehen MG, Nebelmittelwurfanlagen und ABC-Schutzanlagen zur Verfügung.

Bewaffnung

Als Lenkflugkörper werden Stinger und IGLA eingesetzt. Die Adaption weiterer LKF-Muster (wie Mistral, RBS 90) ist möglich. Alle Flugkörper sind „Fire and Forget"-Flugkörper, bei deren Verwendung über den jeweiligen Anschlussstecker die erforderlichen Daten an den Feuerleitrechner des Waffenträgers gegeben werden. Bis zu einer Entfernung von 6 000 m ist die Bekämpfung der im bodennahen Luftraum anfliegenden Ziele mit allen vier Flugkörpern möglich. Der US-Entwickler der Stinger ist die amerikanische Firma General Dynamics. Für Deutschland und einige europäische Länder wird der Flugkörper von Dasa LFK GmbH in Lizenz gebaut. Die anderen möglichen Raketen kommen aus Russland (IGLA), Frankreich (Mistral) und Schweden (RBS 90).

Bediengerät Waffenanlage

Fliegerfaust 2 Stinger

Die Fliegerfaust 2 Stinger besteht im Wesentlichen aus dem oben erwähnten Flugkörper Stinger für das LeFlaSys. Sie ist Mitte der 70er Jahre von General Dynamics (heute: Raytheon) als erheblich verbesserte Nachfolgerin des Systems Redeye entwickelt worden, mit dem nur abfliegende Ziele bekämpft werden konnten.

Das System Stinger besteht aus:

- der taktischen Waffe,
- den Peripheriegeräten und
- den Ausbildungsgeräten.

Die taktische Waffe, die aus dem Griffstück und drei Batteriegaselementen besteht, wird von einem Mann getragen und von der Schulter abgeschossen. Ein Stinger-Trupp besteht aus dem Schützen und einem Unteroffizier.

Beim deutschen Heer sind die Heeresflugabwehr- und die Heeresfliegertruppe seit 1992 mit Stinger ausgerüstet, außerdem auch Marine und Luftwaffe.

Der Fliegerfaustschütze wird von einem Unteroffizier geführt und gesichert

Technische Daten

Gewicht	16 kg
Länge	1 524 mm
Bekämpfungsreichweite	6 km
Bekämpfungshöhe	2 km
Flugzeit (bis 4 000 m)	8 sec

Stinger kann auch von einem Tripod (Dreifuß) gestartet werden

An Griffstücken besitzt:

- das Heer 588,
- die Luftwaffe 200 und
- die Marine 320.

An Lenkflugkörpern verfügt:

- das Heer über 2 352,
- die Luftwaffe über 800 und
- die Marine über 1 280 Stück.

Roland

Allwetterfähiges Flugabwehrsystem Roland auf dem gepanzerten Trägerfahrzeug Marder

Die Entwicklung des Flugabwehrraketensystems Roland begann in den 60er Jahren als erste deutsch-französische Rüstungskooperation mit der damals gegründeten deutsch-französischen Firma Euromissile als Tochter von MBB (heute LFK-Lenkflugkörpersysteme GmbH der DaimlerChrysler Aerospace) und Aérospatiale.

1977 wurde ein Truppenversuchsmuster des allwetterfähigen Flugabwehrraketenpanzers (FlaRakPz) Roland präsentiert; 1978 unterzeichneten Frankreich und Deutschland den Vertrag für die Serienproduktion, und bereits 1980 wurde das erste System an die Heeresflugabwehrtruppe übergeben.

Das Waffensystem erfüllt die Forderungen:

- Schließen von Flugabwehrlücken
- Stärkung des Flugabwehrschutzes des Heeres im Zusammenwirken mit Gepard

Technische Hauptmerkmale

- gepanzertes, voll geländegängiges Kettenfahrgestell (beim Heer)
- Allwetterfähigkeit durch Suchradargerät mit Freund-/Feind-Abfragegerät
- Folgeradargerät für die automatische Ziel- und LFK-Verfolgung
- Visier mit Optronik zur manuellen, optischen Verfolgung von Zielen
- Kommandosendeanlage zur verzugslosen Steuerung des Lenkflugkörpers (LFK)
- zwei Werfer, je einer links und rechts am drehbaren Turm
- automatischer Nachladevorgang aus den zwei Magazinen mit je vier LFK

- autonomer Einsatz bei der Zielsuche, -verfolgung und Bekämpfung
- große Reichweite bei möglichst geringer Totzone
- hohe Abschusswahrscheinlichkeit auch bei manövrierenden Zielen
- geringe Störanfälligkeit unter EloKa-Bedingungen
- großer Einsatzradius im mobil geführten Gefecht, in jedem Gelände und unter allen Witterungsbedingungen
- Panzerschutz (Heer)
- einfache Bedienung und möglichst geringer Aufwand bei Pflege und Wartung

Im Heer wird der FlaRakPz Roland auf dem Trägerfahrzeug Marder, in der französischen Armee wird Roland auf AMX-Fahrgestell und in der luftverladbaren Version auf Sattelschlepper-LKW eingesetzt.

Der FlaRakPz Roland schützt mechanisierte Truppen, deren Einrichtungen und wichtige Objekte. Dabei werden feindliche Luftfahrzeuge in Höhen bis zu 4 000 m und Entfernungen bis 6 000 m bekämpft.

Der Flugabwehrraketenpanzer besitzt eine hohe Mobilität

Treffer!

Die Besatzung des FlaRakPz besteht aus drei Soldaten. Der Kommandant (Kdt) ist der Feuerleitende und Führer des FlaRakPz, er führt den Feuerkampf in der automatischen Betriebsart. Der Richtkanonier verfolgt mit dem Visier das Luftziel und übernimmt auf Befehl des Kdt die Führung der Waffenanlage in der manuellen Betriebsart. Dabei richtet er die Waffenanlage in Seite und Höhe aus. Er bekämpft auf Befehl das Flugziel. Der Kraftfahrer fährt das Fahrzeug und führt die Erdbeobachtung durch.

Im scharfem Schuss auf dem NATO-Schießplatz auf Kreta

Bis 1984 wurden insgesamt 143 FlaRakPz beschafft. In den drei gemischten Flugabwehrregimentern sind jeweils ein aktives und ein nichtaktives Bataillon mit je 21 FlaRakPz vorhanden. An der Heeresflugabwehrschule und der Technischen Schule des Heeres werden die weiteren Systeme in der Ausbildung eingesetzt.

Roland auf Radfahrzeugen

Wie beim Flugabwehrsystem Roland des Heeres ist auch bei den Rolandsystemen von Luftwaffe und Marine das gesamte Waffensystem auf einem Fahrzeug untergebracht. Auf einem geländegängigen vierachsigen Fahrgestell befindet sich die eigentliche Waffenanlage, eine unabhängige Stromversorgungsanlage und verschiedene Staukästen. Eine Kampfbesatzung besteht aus drei Mann. Die Lenkflugkörper sind in zwei Magazinen beiderseits neben dem Turm untergebracht. Die Magazine enthalten je vier wartungsfreie Flugkörper in versiegelten Verschussrohren. Abhängig von der Turmstellung dauert ein Nachladevorgang für zwei Flugkörper zwischen zwei und acht

Objektschutz auf einem Flugplatz der Luftwaffe

Mit dem Übungskampfraum (ÜKR) der Firma DaimlerChrysler Aerospace Dornier und dem Flugzielsimulator (FZS) hat die Heeresflugabwehrtruppe wegweisend Simulatoren in der Ausbildung eingesetzt. Der FZS nutzt den FlaRakPz Roland selbst, indem simulierte Ziele in das Gefechtsfahrzeug eingespielt und zur Darstellung gebracht werden. Im ÜKR wird der Arbeitsplatz des Kommandanten und der des Richtkanoniers aus Originalbaugruppen nachgebildet. Der Ausbilder steuert interaktiv oder durch Ablauf von gespeicherten Übungen ohne Nutzung des Gefechtsfahrzeuges die Ausbildung.

Flugabwehrgefechtsstand Roland in betriebsbereitem Zustand

Roland beim Schießen auf dem NATO-Schießplatz auf Kreta

Roland bei der Luftverteidigungsübung „Roving Sands" in den USA

Sekunden. Das Flugabwehrraketensystem Rad Roland (FRR) von Luftwaffe und Marine hat dieselben Systemeigenschaften wie Roland Heer. Dazu kommt die Möglichkeit der Zielzuweisung durch den Flugabwehrgefechtsstand Roland (FGR), über den jede Staffel verfügt. Er ist die zentrale Kampfführungsstelle und dient u. a. zur

- Überwachung des Luftraumes mit einem eigenen Sensor,
- rechnergestützten Bedrohungsanalyse sowie zur Ziel- und Waffenauswahl,
- Führung der angeschlossenen FRR.

Der Flugabwehrgefechtsstand Roland ist ebenfalls auf einem Fahrzeug integriert. Auf dem Trägerfahrzeug befindet sich eine Kabine, eine Antenne, die auf eine Höhe von über zehn Metern aufgerichtet werden kann, und eine Energieversorgungsanlage. Das Radargerät ist speziell für die Erfassung tieffliegender Ziele ausgelegt. Es erkennt auch Hubschrauber und Ziele mit kleiner Radarrückstrahlfläche.

Für die Krisenreaktionskräfte der Luftwaffe werden zehn FRR in eine luftverladbare Version umgerüstet.

Eine getarnte Roland-Stellung

Roland-Fahrzeug der Deutschen Marine

Die luftverladbare Roland-Version für die Krisenreaktionskräfte der Luftwaffe

Marder

Ein unverzichtbarer Begleiter des Kampfpanzers ist der Schützenpanzer. Mit dem Schützenpanzer (SPz) Marder erhielt die Panzergrenadiertruppe ab Anfang der 70er Jahre die volle Befähigung zum Kampf aus der Bewegung vom Kampffahrzeug, zum Kampf abgesessen mit Unterstützung durch das Fahrzeug sowie zum schnellen Wechsel zwischen beiden Arten. Die Stoßkraft der gepanzerten Kampftruppe im beweglichen Gefecht ist somit möglich.

Durchsetzungsfähigkeit und Beweglichkeit der Panzergrenadiere sind dabei abhängig von der engen Verbindung der Panzergrenadiergruppe mit dem Kampffahrzeug, das Feuerkraft, Schutz und Beweglichkeit in sich vereint. Kampffahrzeug und Panzergrenadiergruppe bilden eine Wirkungseinheit.

Schützenpanzer Marder 1 A3

Entwicklung und Einführung

Die Entwicklung eines neuen Schützenpanzers wurde mit der Einführung des Leopard erforderlich, denn in der Zusammenarbeit mit diesem leistungsstarken Kampfpanzer genügte der Schützenpanzer HS 30 den Anforderungen nicht mehr.

Nach sechs Jahren Entwicklungszeit wurde die Einführungsgenehmigung 1967 erteilt; die Modellfestlegung erfolgte nach Bewertung verschiedener Prototypen zwei Jahre später. Mit der Entwicklung des Schützenpanzers waren die Firmen Thyssen Henschel für Fahrgestell und System sowie KUKA Wehrtechnik für den Turm beauftragt; für die Fertigung kam die Firma MaK Systemgesellschaft hinzu.

Schützenpanzer Marder 1 A3

Der Kommandant

Ab 1971 wurde der SPz Marder in die Truppe eingeführt.

Als Bewaffnung verfügte er über eine Maschinenkanone 20 mm der Firma. Rheinmetall und ein koaxiales Turm-Maschinengewehr (MG 3 A1) in einem 2-Mann Turm mit Scheitellafette. Für den Nachtkampf war der Schützenpanzer mit einem Infrarot-Weißlicht-Zielscheinwerfer und zwei Infrarot-Zielgeräten für den Kommandanten und Richtschützen zum Einsatz der Turmwaffen sowie einem Infrarot-Fahrgerät für den Kraftfahrer ausgestattet.

Für den aufgesessenen Kampf der Panzergrenadiergruppe verfügte der Schützenpanzer über ein Heckmaschinengewehr (MG 3 A1), unter Panzerschutz bedienbar. Zusätzlich waren auf der linken und rechten Seite der Wanne des Schützenpanzers jeweils zwei Kugelblenden integriert für den Einsatz der Maschinenpistole MPi 2 A1 unter Panzerschutz. Das Heckmaschinengewehr und die Kugelblenden sollten die Panzergrenadiergruppe befähigen, auch bei geschlossenen Luken kampffähig zu bleiben.

Zur Erhöhung der Panzerabwehrfähigkeit erfolgte bis 1979 die Ausstattung mit der Panzerabwehrwaffe Milan, die sowohl aufgesessen rechts adaptiert am Turm als auch im abgesessenen Einsatz der Panzergrenadiergruppe eingesetzt werden konnte.

In voller Fahrt

Kampfwert-steigerungen

Im Laufe der Nutzung wurde der Schützenpanzer dreimal in seinem Kampfwert gesteigert.

- In der ersten Kampfwertsteigerung bis 1982 lag der Schwerpunkt bei einer geänderten Munitionszuführung und einer Ausstattung mit passiven Nachtsichtgeräten.
- Im Rahmen der zweiten Kampfwertsteigerung bis 1989 wurden an allen Schützenpanzern eine Reihe von Änderungen an Turm und Fahrgestell vorgenommen. So entfiel die Hecklafette, die sich im taktischen Einsatz und aus ergonomischen Gründen nicht bewährt hatte. Wesentlicher Bestandteil dieser Kampfwertsteigerung war bei einem Teil der Schützenpanzer die Umrüstung auf Wärmebildgeräte, die umfangreiche Eingriffe in den Turm erforderte. Parallel erfolgte die Funkumrüstung aller Marder auf die Funkanlage A/F SEM 70/80/90 und die Nachrüstung für die Aufnahme und den Betrieb des Wärmebildgeräts MIRA für die Panzerabwehrwaffe Milan.
- Die dritte Kampfwertsteigerung für 2100 Schützenpanzer beinhaltet im wesentlichen die Verbesserung des ballistischen Schutzes an Fahrgestell und Turm durch eine Zusatzpanzerung sowie Änderungen am Laufwerk zum Ausgleich des um ca. 5 t angestiegenen Gesamtgewichtes. Darüber hinaus wurden verschiedene ergonomische Bedingungen günstiger gestaltet und Funktionsverbesserungen im Fahrgestell und Turm vorgenommen. Zusätzlich wurden moderne Wärmebildgeräte in alle Schützenpanzer eingerüstet.

Im Einsatz

Konzentrierte Beobachtung

Absitzen aus dem hinteren Kampfraum

Auch die seitlichen Kugelblenden entfielen, da sie sich nicht bewährt hatten und darüber hinaus den passiven Schutz der Besatzung verminderten. Schützenpanzer mit der dritten Kampfwertsteigerung erhielten die Bezeichnung Marder 1 A3.

Alle aktiven und nichtaktiven Panzergrenadierverbände sind mit dem Marder 1 A3 ausgestattet. Ab 1998 wurden die Schützenpanzer der Bataillonskommandeure darüber hinaus mit einem neuen Funkgerät (SEM 93) ausgestattet, das verschlüsselten Sprech- und Datenfunk ermöglicht. Diese Schützenpanzer erhielten die Bezeichnung Marder 1 A4.

Ausbildung

Zur Verbesserung der Ausbildung der Besatzungen auf dem Schützenpanzer Marder 1 A3 stehen der Panzergrenadiertruppe Simulatoren auf modernem technischen Standard für unterschiedliche Ausbildungsstufen zur Verfügung.

Mit dem Ausbildungsgerät Schießsimulator Marder (AGSM) – der Simulator bildet den Kampfraum der Turmbesatzung auf dem Schützenpanzer im Detail ab – ist es möglich, die Turmbesatzung (Kommandant und Richtschütze) in der Bedienung der Waffenanlage einschließlich der Schulschießübungen auszubilden und den Übergang zum Gefechtsschießen vorzubereiten.

Für die Vorbereitung auf den Gefechtsdienst steht das Ausbildungsgerät Gefechtssimulator Panzergrenadierzug (AGPG) zur Verfügung, bei dem drei Kampfräume für die Turmbesatzungen (Kommandant und Richtschütze), die Kraftfahrer und die Schützentruppführer eines Zuges detailgetreu abgebildet werden. Dieser Simulator ermöglicht die Ausbildung in der Beherrschung des Waffensystems im Einsatz sowie der Führung und Befehlsgebung im laufenden Gefecht. AGSM wie auch AGPG verfügen über jeweils eine Leitungs- und Auswertezentrale, von der aus die Übungen geleitet, gesteuert und nach Abschluss mit der Übungstruppe ausgewertet werden können.

Für die Ausbildung mit dem Schützenpanzer wird das Ausbildungsgerät Duellsimulator Marder (AGDUS Marder) genutzt, der in den Schützenpanzer eingerüstet das Duell mit einem in gleicher Weise ausgestatteten Gegner im Übungsgelände (Standort-/Truppenübungsplatz oder Gefechtsübungszentrum) ermöglicht.

Die enge Verzahnung in der Ausbildung der gesamten Besatzung des Schützenpanzers zwischen modernen Simulatoren und dem realen Kampffahrzeug ermöglicht eine effiziente, zielgerichtete und realistische Vorbereitung der Panzergrenadiertruppe auf ihre Aufgaben und stellt den Schützenpanzer Marder als Hauptkampffahrzeug der Truppengattung in den Mittelpunkt.

Schutzverbesserung an der Wanne

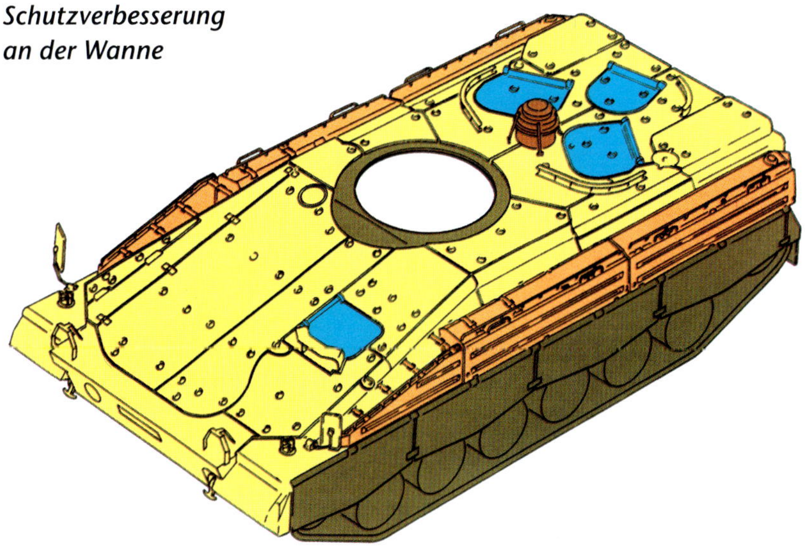

Technische Daten

Besatzung	9 Soldaten
Bewaffnung	BMK 20 mm
	Turm-MG 7,62
	PzAbwWa Milan
Kampfentfernung	
BMK	
(AP-Munition)	800 m gegen leicht gepanzerte Ziele
(HE-Munition)	1 000 m gegen ungepanzerte Ziele
Milan	1 950 m gegen gepanzerte Ziele
Gefechtsleistung	33,5 t
Höchstgeschwindigkeit	65 km/h
Motorleistung	441 kW (600 PS)
Steigfähigkeit	60 % (31°)
Fahrbereich Straße	ca. 460 km

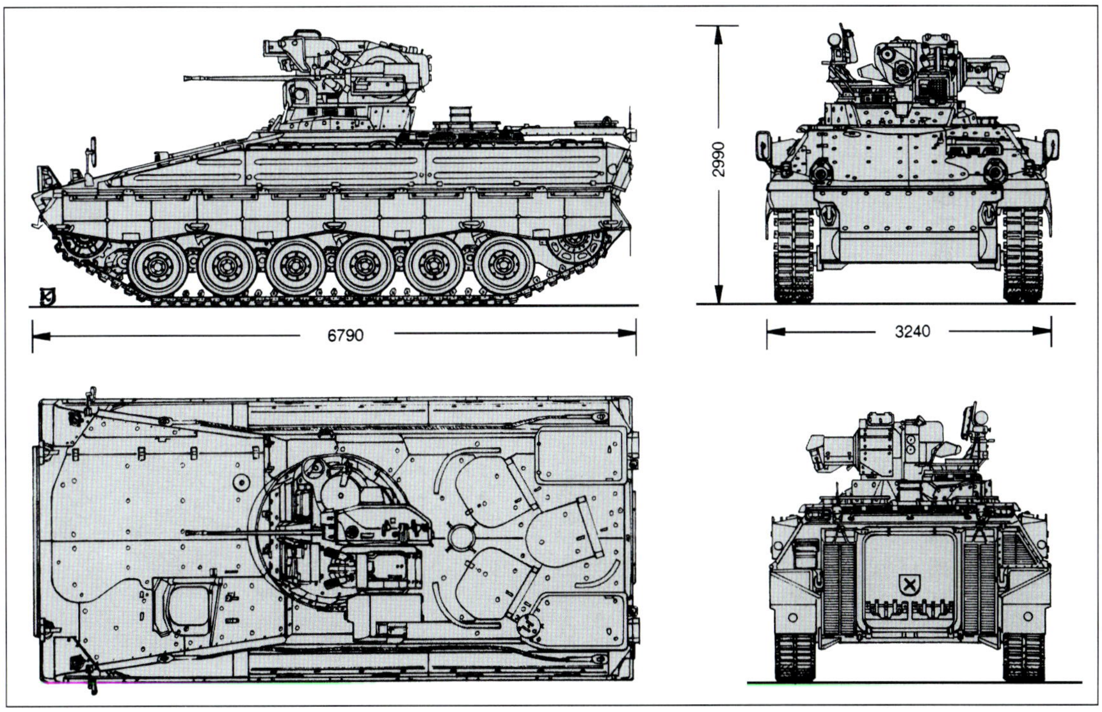

Technischer Aufriss Schützenpanzer Marder 1 A3

Luchs

Spähpanzer Luchs im Gefecht

Standortpatrouille mit Spähpanzer Luchs und Transportpanzer Fuchs

Viel sehen, ohne selbst gesehen zu werden, ist der Grundsatz der Panzeraufklärer. Das Abtasten der feindlichen Front, das Einsickern in Frontlücken, das Herausfinden der starken und der schwachen Stellen des Feindes, darauf kommt es an. Hierzu benötigt die Panzeraufklärungstruppe Fahrzeuge, die schneller und beweglicher sind als alle anderen Kampffahrzeuge auf dem Gefechtsfeld. Diese Forderungen können nur von einem leistungsfähigen Radfahrzeug erfüllt werden, wie es z.B. der Achtrad-Spähpanzer Luchs darstellt.

Der Spähpanzer Luchs ist ein allradgetriebenes, gepanzertes und schwimmfähiges Aufklärungsfahrzeug mit einer Besatzung von vier Mann. Kommandant und Richtschütze befinden sich im Turm. Neben dem im Fahrzeugbug platzierten Fahrer verfügt der Luchs über einen Rückwärtsfahrer, der das Fahrzeug rückwärts gleich schnell wie vorwärts bewegen kann.

Wahlweise lässt sich der LUCHS mit Zweiachs- oder Vierradlenkung fahren und ist damit sehr wendig und manövrierfähig. Der Spähpanzer ist extrem leise und dank seines leistungsstarken Triebwerks (286 kW) außerordentlich schnell; auf der Straße werden 90 km/h erreicht. Der 10-Zylinder Dieselmotor von Mercedes-Benz und das ZF-4-Gang lastschaltbare Wandlergetriebe sowie der Luftfilter sind zu einem schnell tauschbarem Triebwerksblock zusammengefasst. Lenkergeführte Starrachsen in Verbindung mit langhubigen Schraubenfedern, hydraulischen Teleskopdämpfern und Radlast-Ausgleichsschwingen führen zu einer hervorragenden Geländegängigkeit. Sperrbare Differentiale in Längs- und Querrichtung ergeben optimale Traktionsverhältnisse im Gelände. Bei Wasserfahrt erfolgt der Antrieb durch zwei am Heck befindliche Ruderpropeller.

Als Hauptwaffe dient die 20 mm MK Rh 202, aus der mit einer Kadenz von ca. 1 000 Schuss/min zwei verschiedene Munitionsarten verschossen werden können. Am Lukenring des Kommandanten besteht die Möglichkeit, zusätzlich ein 7,62 mm Fla-MG zu installieren.

Im Zeitraum 1975–1977 wurden für die Bundeswehr bei Firma Henschel-Wehrtechnik (Kassel) 408 Fahrzeuge gefertigt. Im Rahmen von Kampfwertsteigerungsmaßnahmen erhielten die Fahrzeuge in den 80er Jahren einen Doppelgurt-Zuführer sowie ein Wärmebildgerät.

In Bosnien-Herzegowina hat sich der Spähpanzer LUCHS bei den SFOR-Kontingenten aufgrund seiner hohen operativen Beweglichkeit, seines Schutzes und seiner Bewaffnung in idealer Weise als Fahrzeug zum Konvoischutz bewährt.

Beobachtungshalt

Längsschnitt mit Darstellung der Besatzung

Konvoibegleitung während des IFOR/SFOR-Einsatzes

Technische Daten

Gefechtsmasse	19,6 t
Bodenfreiheit	440 mm
Wendekreis	12,05 m
Motorleistung	286 kW bei 2 500 U/min
Höchstgeschwindigkeit (Straße)	90 km/h
Geschwindigkeit im Wasser	ca. 10 km/h
Fahrbereich (Straße)	ca. 800 km^2

Wiesel

Abfeuern eines Lenkflugkörpers TOW 2

Die Entwicklung des Luftlande-Waffenträgers Wiesel 1 reicht bis in das Jahr 1969 zurück, als über ein Nachfolgefahrzeug des Lkw 0,75 t KraKa (Kraftkarren) für die Luftlandetruppe nachgedacht wurde. Nach Abwägen zwischen Rad- oder Kettenfahrzeugen, wurde durch die Firma Porsche ein Kettenfahrzeug entwickelt, das

- das Waffensystem Panzerabwehrlenkrakete TOW mit einem ausreichenden Munitionsvorrat aufnahm,
- drei Mann Besatzung hatte,
- ein Gefechtsgewicht von max. 2,5 t nicht überschritt,
- lufttransportfähig (zwei Waffenträger als Innenlast in der CH-53G) und
- aus dem Transportflugzeug Transall C-160 mittels Fallschirmen absetzbar war.

Waffenträger TOW und Waffenträger MK 20 verlassen den mittleren Transporthubschrauber CH-53G

Nach Erprobung der Versuchsträger mit Maschinenkanone 20 mm und der Panzerabwehrlenkrakete TOW an wehrtechnischen Dienststellen sowie an der Luftlande- und Lufttransportschule in den Jahren 1977/78 musste diese, bis dahin erfolgreiche, Entwicklung aus verschiedenen Gründen abgebrochen werden.

Erst 1986 wurden die Technischen Erprobungen und Truppenversuche mit geänderten Prototypen erneut durchgeführt.

Die neuen wesentlichen Merkmale des Wiesel 1 waren :

- ballistischer Rundumschutz,
- geringere Abmessungen und niedrige Silhouette,
- niedriges Gefechtsgewicht,
- geringer Bodendruck,
- lufttransportfähig als Innen- und Außenlast,
- Möglichkeit zum Transport von zwei Wiesel auf einem Lkw 10 t,
- hohe Beweglichkeit,
- geringe Geräuschentwicklung,
- ausreichender Munitionsvorrat und
- gleiches Fahrgestell für Maschinenkanone 20 mm und TOW.

Unter Einbeziehung der Serienreifmachung wurde die Entwicklung termingerecht im September 1987 abgeschlossen, so dass die Einführungsgenehmigungen noch im gleichen Jahr erlassen werden konnten. Ende März 1988 wurde die Firma MaK Systemgesellschaft, Kiel, mit der Serienfertigung beauftragt.

Wiesel im schweren Gelände

Die Besatzung eines Wiesel

Dieser Waffenträger wurde mit einer Transall zum Einsatzort transportiert

Wiesel mit TOW im Beobachtungshalt während einer Übung

Ausstattung

Die Auslieferung der 343 Waffenträger Wiesel 1, davon 210 Wiesel 1 TOW und 133 Wiesel 1 MK, an die Fallschirmpanzerabwehrbataillone der Luftlandebrigaden sowie an die schweren Kompanien der Gebirgsjäger- und Jägerbataillone erfolgte in den Jahren 1990–1992.

Bei internationalen Übungen, AMF- und insbesondere UN-Einsätzen wurde der Waffenträger Wiesel 1 mittlerweile überzeugend eingesetzt.

Der niedrige spezifische Bodendruck in Verbindung mit einem leistungsstarken VW-Motor verleihen dem Wiesel eine hohe Beweglichkeit im Gelände. Diese Wendigkeit, die niedrige Silhouette und die beachtliche Feuerkraft erhöhen die Überlebensfähigkeit auf dem Gefechtsfeld.

Die Weiterentwicklung des Wiesel 1 zum Wiesel 2 als

- Gefechtsstandfahrzeug,
- bewegliche Befehlsstelle,
- Sanitätsfahrzeug,
- Munitionsträger,
- Mörserträger und
- Waffenträger des leichten Flugabwehrsystems

ist eingeleitet und in Teilen bereits erfolgreich umgesetzt.

Ein Zug Wiesel überquert eine Behelfsbrücke (oben)

Wiesel während des Einsatzes in Somalia

Wiesel mit MK 20 (links) und TOW (unten) im IFOR-Einsatz in Bosnien

Technische Daten	
Gefechtsmasse	2,75 t
Motorleistung	64 kW
Fahrbereich (Straße)	200 km
Höchstgeschwindigkeit	80 km/h
spezif. Bodendruck	3,5 N/cm^2

Prototyp Wiesel 2 als Gefechtsstandfahrzeug

M 113

Mit über 80 000 Exemplaren und einem Einsatz in knapp 50 Staaten auf allen fünf Kontinenten ist der M 113 das weltweit am häufigsten produzierte Kettenfahrzeug. Bei der Bundeswehr wurden 1962 die ersten M 113 eingeführt. Noch heute sind ca. 3 500 Fahrzeuge in der Nutzung.

Der Erfolg des Fahrzeuges liegt in seiner Einfachheit, den relativ geringen Beschaffungskosten und der vielseitigen Verwendbarkeit des acht Kubikmeter großen Nutzraums im Heck, der durch eine große Rampe zugänglich ist. Als Mannschaftstransportwagen bietet er Platz für zwölf Soldaten oder Raum für den Einbau von Rüstsätzen jeglicher Art. Durch Modifizierung des Wannenaufbaus im hinteren Teil kann der M 113 auch in vielfältiger Weise als Geräteträger oder mit einem erhöhten Aufbau als Führungsfahrzeug verwendet werden. In manchen Fällen beträgt der Wert des Rüstsatzes das Mehrfache des eigentlichen Fahrzeugwertes.

In der Grundversion war der M 113 bei einem Leergewicht von 9,1 t ursprünglich schwimmfähig, luftverlastbar und fallschirmabwurffähig. Durch Nachrüstungen (z. B. mit Zusatzpanzerungen) oder Einbau von Rüstsätzen erreichen heute einzelne Varianten ein Gesamtgewicht von über 13 t. Um weiterhin einen sicheren Betrieb des Fahrzeugs zu gewährleisten und die Lebensdauer bei den Komponenten Motor, Kraftübertragung und Laufwerk zu erhalten, wurden zwischenzeitlich umfangreiche Umrüstungen vorgenommen.

Als Rüstsatzträger werden M 113-Varianten in nahezu in allen Truppengattungen des Heeres genutzt:

- Führungsfunkpanzer
- Panzermörser 120 mm
- Minenwurfsystem Skorpion
- Feuerleitpanzer Mörser
- Rechner-Verbund-Artillerie
- Artillerie-Beobachtungsradar ABRA/RATAC
- Trägerfahrzeug Green Archer
- Krankentransportpanzer
- Beobachtungspanzer Artillerie
- Feuerleitpanzer Artillerie
- Gefechtsstandführungsfahrzeug
- Fliegerleitpanzer
- Schreibfunktrupp-Panzer
- Trägerfahrzeug Richtfunk
- Fahrschulpanzer

So wurden ab 1974 die Ottomotoren durch Dieselmotoren ersetzt (M 113 A1) und ab 1989 Verbesserungen an der Kühlanlage und am Laufwerk vorgenommen sowie außenliegende Tanks am Heck installiert (M 113 A2). Weitere Maßnahmen zur Nutzungsdauerverlängerung – unterteilt in zwei Stufen – werden seit 1996 für eine große Anzahl der Fahrzeugvarianten bei der Firma FFG Flensburger Fahrzeugbau Gesellschaft durchgeführt.

Technische Daten

Motorleistung	154 kW bei 2800 U/min
Fahrbereich (Straße)	380 km
Höchstgeschwindigkeit	40 km/h

M 113 in den Varianten Krankentransportpanzer (oben), Gefechtsstandführungspanzer (links) und Minenwerfer (unten)

M 113-Maßnahmen der Nutzungsdauerverlängerung 1 (links), 2 (rechts)

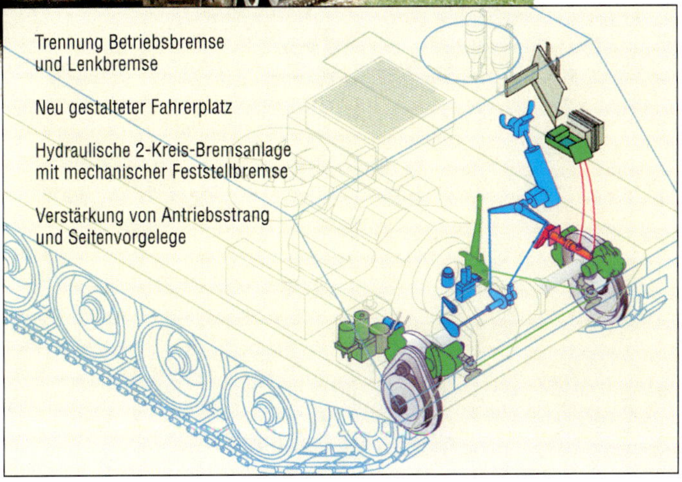

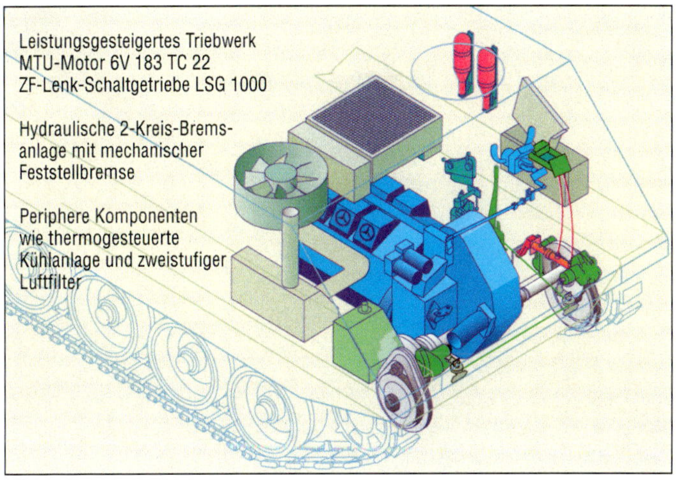

Fuchs

Transportpanzer Fuchs auf dem Marsch im ehemaligen Jugoslawien

Entwicklung

Erste Überlegungen zu einem gepanzerten Transportfahrzeug gibt es bereits seit Anfang der 60er Jahre. 1964 erhielt ein Konsortium (Rheinstahl-Henschel, Büssing, KHD, Krupp und MAN) nach Überprüfung konzeptioneller Vorstellungen und Konkretisierung militärischer Forderungen einen Auftrag zur Fertigung eines Prototypen, der in zwei Exemplaren 1968 vorgestellt, aber nicht akzeptiert wurde. Das Unternehmen Daimler Benz erhielt 1971 einen Auftrag zur Weiterentwicklung des TPz und lieferte Mitte der 70er Jahre sechs Truppenversuchsmuster des Transportpanzers 1. Den Auftrag für die Serienfertigung erhielt 1979 Thyssen Henschel, wobei Motoren der Firma Daimler Benz AG und Getriebe der Firma ZF-Friedrichshafen verwandt wurden. Von 1980 bis 1986 wurden knapp 1 000 TPz 1 – nun Fuchs genannt – an die Truppe ausgeliefert. Heute gibt es in der Bundeswehr 1 040 Fahrzeuge in 22 Varianten. Auch eine ganze Reihe anderer Nationen hat den Fuchs inzwischen erworben und eingesetzt.

Einsatz

Der ursprünglich als Transportfahrzeug geplante Fuchs ist in vielen Varianten bei den Kampf- und Einsatzunterstützungstruppen eingesetzt. Vom Gruppenfahrzeug für Pioniere (216 Stück) und Infanterie (141 Stück), vom Sanitätsfahrzeug und Führungspanzer bis zum Spürfuchs und zum Störsender Hummel erledigt der Transportpanzer viele wichtige und notwendige Aufgaben auf dem Gefechtsfeld.

Besonders bekannt geworden ist der erfolgreiche Einsatz des Transportpanzers Fuchs als Spürfuchs der Amerikaner im Golfkrieg und bei den deutschen Einsätzen in Somalia und im ehemaligen Jugoslawien. Spezifische Einsätze werden von den Varianten durchgeführt, die sich in den entsprechenden Truppengattungen befinden. So wird der erwähnte Spürpanzer Fuchs der ABC-Abwehrtruppe zur

Ein TPz 1 mit Zusatzpanzerung und Einbausatz der Panzeraufklärungsgruppe auf Kontrollfahrt im ehemaligen Jugoslawien

ABC-Aufklärung eingesetzt, der EloKa-Fuchs der Fernmeldetruppe EloKa als Störsender Hummel gegen feindlichen Funkverkehr und der Sanitätsfuchs der Sanitätstruppe in der Kranken- und Verwundetenversorgung.

Transportpanzer Fuchs während des IFOR-Einsatzes

Technik

Der Transportpanzer 1 Fuchs (TPz) ist ein geländegängiges, gepanzertes Radfahrzeug, das eine selbsttragende Wanne aus Panzerstahlblech besitzt. Die Sicht nach vorne und der Seite erfolgt durch Panzerglasscheiben. Alle Räder der drei Achsen sind angetrieben (6 x 6). Die beiden vorderen sind als Lenkachsen ausgebildet. Die Starrachsen sind lenkergeführt und über Schraubenfedern mit integrierten Schwingungsdämpfern am Gehäuse abgestützt. Der TPz ist voll schwimmfähig.

Transportpanzer beim UN-Einsatz in Somalia

Technische Daten

Besatzung	bis zu 12 Personen
Leergewicht	13 900 kg
Gefechtsgewicht	18 300 kg
Motorleistung	235 kW
Leistungsgewicht	13,8 kW/t
Geschwindigkeit Straße	max. 105 km/h
Schwimmfähigkeit	max. 10 km/h
Reichwelte Straße	ca. 800 km
Steigfähigkeit	60 %
Kletterfähigkeit	600 mm
Grabenüberschreitfähigkeit	1 080 mm
Bewaffnung	MG 7,62 mm
Ballistischer Schutz	7,62 mm Grundschutz
ABC-Schutz	ABC-Schutzbelüftungs- und Filteranlage

Grundmodell

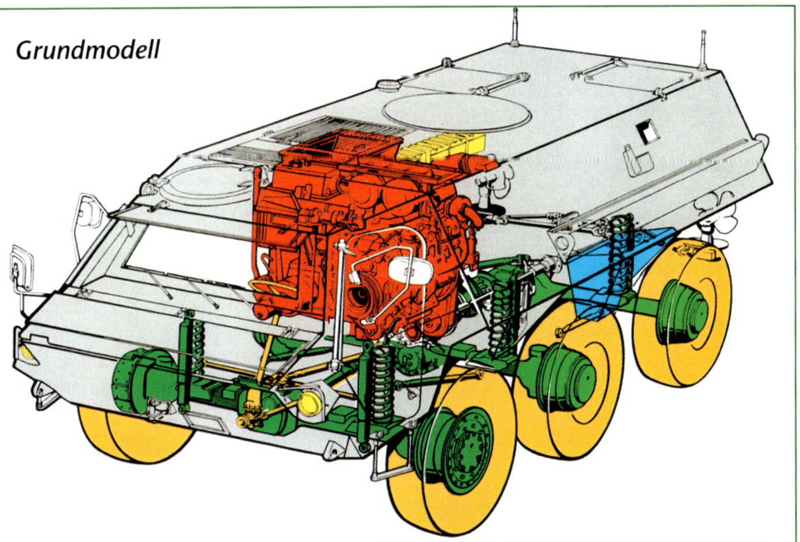

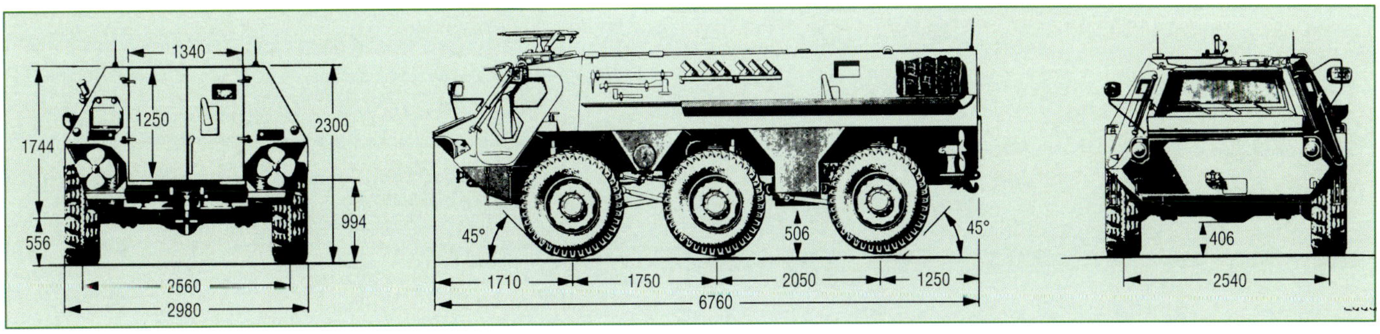

Transportpanzer Fuchs mit Zusatzpanzerung und Einbausatz Panzeraufklärungstruppe beim Durchfahren eines Gewässers

Transportpanzer Fuchs mit Einbausatz San für den Verwundetentransport. Diese Variante ist von besonderer Bedeutung im Einsatz

Spürpanzer Fuchs beim Kampfstoff-Spüren mit ausgefahrener Sonde

Varianten

Der Transportpanzer Fuchs zeichnet sich durch die Fülle seiner Varianten aus. Er ist in der Tat ein Familienfahrzeug mit allen Vorteilen in Technik, Ausbildung und Logistik.

Auf der Basis des Grundmodells, von dem etwa 570 existieren, gibt es eine Reihe von Einbausätzen, die das Fahrzeug tauglich machen für Pioniergruppe und Pionierführung, für die Jägergruppe und die Panzeraufklärungsgruppe. Die Sanitätsgruppe und der Funktrupp des Brigadekommandeurs mit 100 und 400 Watt-Geräten profitieren von dem vielfältigen Konzept des TPz Fuchs. Auch die Fahrzeuge mit Zusatzpanzerung können die gleichen Aufgaben erfüllen.

Mit den Einbausätzen Führung-Funk werden die Transportpanzer zum TPz 1 Funk, von dem es 265 Stück gibt. Besondere Rüstsätze lassen den Funktrupp Brigadekommandeur mit EVOX, das Fahrzeug Führung-Funk für die Flugabwehr, Panzeraufklärungsversionen mit Radaranlagen RASIT/PARA (plus Navigationsanlagen) und Fahrzeuge des HFlaAFüSys entstehen.

Die Einsätze im Golfkrieg als Spürpanzer Fuchs (NBC Fox) der Amerikaner und Briten haben diesen Typ des Transportpanzers berühmt gemacht. Er verfügt über eine ABC-Spürausstattung mit Navigationsanlage, in der kampfwertgesteigerten Form sogar über eine GPS gestützte Navigations- und eine Raumkühlanlage. 114 Spürpanzer besitzt die Bundeswehr in ihren ABC-Abwehrbataillonen, 123 das amerikanische Heer, Großbritannien elf, Israel acht Exemplare und Saudi-Arabien einige wenige von insgesamt 36 Transportpanzern. Der Spürfuchs ist in der Lage, kontaminierte Geländeabschnitte zu erkunden und zu markieren sowie die Art der Kontamination (radioaktive oder chemische) zu analysieren. Alle Arbeiten erfolgen aus dem Innenraum des Fahrzeugs ohne Verlassen des Sammelschutzes.

Bei den EloKa-Panzern gibt es zwei Varianten: die Peiler und die Störer. Die Peiler sind mit dem Rüstsatz HF/VHF-Aufklärungsgerät ausgestattet, die Störer tragen den Namen Hummel und verfügen über den automatisch arbeitenden VHF-Störsender 33, der gegen Sprach- und Datenverbindungen eingesetzt wird. Insgesamt verfügt die Fernmeldetruppe über 87 Fahrzeuge dieser Gattung.

Der Störpanzer Hummel (TPz 1 A1) stört den gegnerischen Funk- und Datenverkehr

Varianten

- **Auf Basis TPz-1-Grundmodell**
  Einbausätze für
  - Pioniertruppe,
  - Jägertruppe,
  - Panzeraufklärungstruppe,
  - Sanitätstruppe,
  - Führungsfahrzeuge.
- **Auf Basis TPz-1-Grundmodell mit Zusatzpanzerung**
  Einbausätze für
  - Pioniertruppe,
  - Jägertruppe,
  - Panzeraufklärungstruppe,
  - Sanitätstruppe,
  - Führungsfahrzeuge.
- **Auf Basis TPz-1-Funk**
  Einbau- und Rüstsätze für
  - Führungsfahrzeuge,
  - Panzeraufklärungs-radaranlagen,
  - Heeresflugabwehr-Aufklärungs-Führungssystem.
- **Auf Basis TPz-1-ABC**
  Rüstsätze für
  - ABC-Spürausstattung.
- **Auf Basis TPz-1-EloKa**
  Rüstsätze für
  - Störsender 33,
  - VHF-Peiler,
  - Elektronische Aufklärung.

Zukunft

Der TPz Fuchs hat sich im In- und Ausland in allen seinen Varianten bewährt. Er wird dies dank seiner robusten Technik sicherlich auch in Zukunft tun. Zur Zeit befinden sich zwei Truppenversuchsmuster des Transportpanzers Fuchs KRK in der Erprobung. Dieses Fahrzeug soll den Erfolg des Fuchs weiterführen. Die eingeführten Füchse werden noch lange im Dienst sein, auch wenn irgendwann das gepanzerte Transportfahrzeug GTK eingeführt wird.

MULTI

Ein System bewegt die Truppe

Bereits in den 80er Jahren begannen Untersuchungen zur Rationalisierung der Versorgungsabläufe. Die Ergebnisse unter Einbeziehung der Erfahrungen verbündeter Streitkräfte führten zu einem Wechselladersystem in Verbindung mit wiederaufnehmbaren Wechselladerpritschen (auch als Ladeboden oder Flat bzw. Flatrack bezeichnet), um so Personal und Material einzusparen sowie Umlaufzeiten bei Umschlag, Lagerung und Transport von Großverbrauchermunition deutlich zu verkürzen.

Wesentliche Bestandteile dieses Systems MULTI (Mechanisierte Umschlag-, Lager- und Transport-Integration) bilden ein geländegängiges Fahrzeugfahrgestell mit 8 x 8 Antrieb sowie ein Hakenabrollsystem und Wechselladerpritschen mit speziellem Verzurrmaterial und Planen. Die wesentlichen Forderungen an dieses System sind:

- grundsätzlich handelsübliche Anteile,
- Nutzlast von mindestens 14 t für den Gefahrguttransport,
- kompatibel mit den Wechselladersystemen der verbündeten Streitkräfte,
- Möglichkeit zum Transport handelsüblicher 20 Fuß ISO Container,
- Teilmilitarisierung der handelsüblichen Fahrzeuge durch Tarnlichtkreis, Drehringlafette und kampfstoffresistente Lackierung,
- Fahrerhaus für drei Soldaten mit Ruhemöglichkeit für Fahrer und Beifahrer,
- Nutzungsdauer von mindestens 20 Jahren,
- Ausstattung mit fünf Wechselladerpritschen pro System.

LKW 15 t mil gl A1.1 bei der Erprobung unter extremen klimatischen Bedingungen in Yuma

Bedarf

Derzeit besteht im Heer ein Bedarf an 774 geländegängigen Wechselladersystemen für die Krisenreaktionskräfte (KRK) sowie ein weiterer geringer Bedarf bei der Luftwaffe. Bis 1998 wurden zur Herstellung einer ersten KRK-Fähigkeit des Heeres 358 Systeme auf Basis der LKW 15 t mil gl A1.1 der Firma MAN mit integriertem Abrollsystem der Firma Atlas Weyhausen und Wechselladerpritschen der

Firma Lohr beschafft Diese Systeme wurden zunächst nur mit jeweils zwei Wechselladerpritschen ausgeliefert. Die restlichen drei Pritschen werden mit verbessertem Konstruktionsstand nachgesteuert. Die Beschaffung weiterer 416 MULTI ist grundsätzlich gebilligt.

Für die Bundeswehr ist diese Beschaffung das erste größere Vorhaben im Zusammenhang mit der Einführung der neuen Fahrzeuggeneration URF 90 (Ungepanzerte Radfahrzeuge 90).

Die Ausstattungsplanung für die Hauptverteidigungskräfte (HVK) ist noch nicht abgeschlossen.

Mit dem System MULTI erhält die Truppe die Ausstattung, mit der sie den Versorgungsauftrag rationeller und besonders im Rahmen internationaler Einsätze flexibler erfüllen kann. Eine erste Bewährungsprobe haben die LKW MULTI beim KFOR-Einsatz bestanden; dort wurden mehrere Systeme für vielfältige Unterstützungsaufgaben zur vollen Zufriedenheit eingesetzt.

Verlastete Munition mit spezieller Verzurrausstattung auf der Wechselladerpritsche

Technische Daten

Typ	LKW 15 t mil gl A1.1 MULTI
Motorleistung	294 kW (400 PS)
Getriebe	ZF 16 S-160 A mit WSK
Nutzlast	15 t
Antriebskonzept	8 x 8
Mobilitätsstufe	A (hochmobil)
Rahmen	verwindungssteif
Watfähigkeit	1,20 m

Einsatz im schweren Gelände

Multi mit Munition auf dem Weg zu den vorgeschobenen Versorgungsdiensten der Artillerie

Gefechts-übungszentrum

Abgesessene Panzergrenadiere im Gefechtsübungszentrum

Gegen Ende der 80er Jahre wurde für das deutsche Heer immer deutlicher, dass Übungen im Gelände und die damit beabsichtigte Ausbildung der Führer und Soldaten aus vielerlei Gründen deutlich eingeschränkt werden mussten. Gegen die bisherigen Übungen im Gelände sprachen u. a. Gründe des Umweltschutzes ebenso wie Erkenntnisse von der Unzulänglichkeit der die Übung lenkenden Personen und Mittel (z. B. Schiedsrichter und Übungseinlagen).

Als die Amerikaner auf dem Truppenübungsplatz Hohenfels/Oberpfalz ihr Gefechtsübungszentrum CMTC (Combat Maneuver Training Center) für ihre gepanzerten Kampftruppen einrichteten, um dort das Gefecht der verbundenen Waffen gegen eine professionelle OPFOR (Opposing Force) zu üben, entschied sich das deutsche Heer nach einigen Anfangsschwierigkeiten und nach einigen Übungen in Hohenfels ebenfalls dazu, diesen Weg zu gehen. In dieser Zeit zeichnete sich auch die dafür erforderliche Technik mit den Schießsimulatoren (auf amerikanischer Seite SIMFIRE, auf deutscher Seite AGDUS), den Möglichkeiten der Standortbestimmung durch GPS und die notwendige Rechnerqualität und Kapazität sowie die Möglichkeit des Datenfunks mit SEM 93 ab. Hinzu kam nach der Wiedervereinigung die Gelegenheit, das deutsche Gefechtsübungszentrum (GÜZ) auf einem der großen Truppenübungsplätze im Osten Deutschlands, dem Truppenübungsplatz Altmark bei Magdeburg, einzurichten.

Ziel und Struktur

Im sogenannten Funktionsmuster kann seit 1997 zunächst eine verstärkte Kompanie und später ab 2002 in der Endausbaustufe ein verstärktes Bataillon der Kampftruppen gegen eine ständige Leitungstruppe Rot das Gefecht der verbundenen Waffen oder den Einsatz der verbundenen Kräfte nahezu realistisch üben. Anders als im amerikanischen CMTC steht im deutschen Gefechtsübungszentrum die Ausbildung der Führer im Vordergrund. Ein Ausbildungsdurchgang dauert nach den heute gültigen Richtlinien vierzehn Tage, wobei sich diese Zeit zusammensetzt aus

- drei Tagen angeleiteter Ausbildung,
- zweimal drei Tagen für Gefecht oder Einsatz, die durch einen Tag Technischen Dienstes getrennt sind und
- je zwei Tagen der Vor- und Nachbereitung.

Diese Art der Ausbildung gilt, soweit das Gefecht der verbundenen Waffen zu üben ist, für die Gefechtsarten Angriff, Verteidigung und Verzögerung. In der Endausbaustufe wird das Gefechtsübungszentrum 18 Durchgänge im Jahr „leisten". Das heißt: 18 verstärkte Bataillone werden das Gefechtsübungszentrum jährlich durchlaufen. Heute werden je Jahr 24 verstärkte Kompanien der Kampftruppen im Gefecht der verbundenen Waffen ausgebildet.

Erst in der Endausbaustufe wird es allerdings die „professionelle" ständige Leitungs-

Die Elemente des Gefechtsübungszentrums bestehen aus der übenden Truppe, dem Gegner (der ständigen Leitungstruppe des Gefechtsübungszentrums), der Leitzentrale (im Vordergrund des Bildes), den Schiedsrichtern und der vielfältigen technischen Ausrüstung

Das Herzstück des Gefechtsübungszentrums ist die Leitzentrale mit 17 Arbeitsplätzen und einem Auditorium

Übungstruppe und Gegner führen durch die Ausrüstung mit AGDUS das realistische Gefecht. Durch GPS und Datenfunk ist die Leitung jederzeit über die Entwicklung des Gefechts orientiert und kann über Kampfunterstützungssimulation oder mit Leitungstruppe steuernd eingreifen

truppe des Gefechtsübungszentrums geben, die aus zwei Panzergrenadier- und zwei Panzerkompanien bestehen soll. Zur Zeit beträgt die personelle Stärke des Zentrums knapp 150 Mann, die in der Endausbaustufe auf etwa 800 Mann ansteigen wird. Dann werden auch die beiden Säulen des Zentrums – Ausbildung und Unterstützung – voll integriert sein. An Gerät, das jeweils an die übende Truppe übergeben wird, werden vor allem die erforderlichen AGDUS, aber auch eine Vielzahl von Fahrzeugen im Bestand des Übungszentrums sein. In der Endausbaustufe wird das Zentrum über 34 Leopard 1 A5, 34 SPz Marder, 20 weitere Gefechtsfahrzeuge wie Pionier- und Bergepanzer sowie über etwa 200 LKW verschiedener Typen verfügen. Derzeit soll ein Market-Testing das zweckmäßigste und wirtschaftlichste Betriebsmodell ausfindig machen. Militär und Industrie sollen dabei harmonisch zusammenarbeiten. STN ATLAS Elektronik ist der Hauptauftragnehmer für die Entwicklung des Gefechtsübungszentrums.

Heute und morgen allerdings steht das Ziel des Gefechtsübungszentrums fest: Wie sonst nirgends möglich, sollen vor allem Führer, aber auch Soldaten in realistischen Gefechts- oder Einsatzabläufen, ohne die früher unvermeidbare Verfälschung durch Schiedsrichter und papierene Einlagen, allein aus der Entwicklung des Gefechts und der Waffenwirkung heraus, das Gefecht der verbundenen Waffen oder den Einsatz der verbundenen Kräfte üben. Sie sollen danach einer ebenso realistischen, effektiven und aufbauenden Bewertung unterworfen werden.

Das Laser-Schussgerät an der Gewehrmündung sowie Sensoren und Prismen am Helm zur Registrierung eines Treffers sind die Elemente des AGDUS für Gewehrschützen

Ausstattung

Bei den Übungen kommt es darauf an, das Gefecht realistisch zu simulieren. Im Gefechtsübungszentrum ist deshalb jedes Kampffahrzeug und jeder Soldat mit der Ausbildungsausstattung Duellsimulator AGDUS ausgestattet. AGDUS erlaubt den wirklichkeitsnahen Einsatz aller direkt gerichteten Waffen mit einem Laser-Schuss, der ballistischen Vorgaben (außer bei Handwaffen) folgt. Beim AGDUS-Schuss spielt zum Beispiel auch die Streuung der Schüsse wie beim scharfen Schuss eine Rolle. Über den aktiven Einsatz hinaus werden durch AGDUS auch alle Treffer auf Gerät oder Personen passiv erfasst und adäquat angezeigt, so dass auch Ausfälle realistisch „gespielt" werden können. Auch das Feuer der indirekt gerichteten Waffen der Artillerie oder die Wirkung von Minen wird so wirklichkeitsgetreu wie möglich durch entsprechende Wirkungssimulationen zeit-, ort- und lagegerecht dargestellt. Dort, wo noch eine geringe Eingriffsmöglichkeit besteht, können Schiedsrichter durch eigene aktive AGDUS einwirken. Um den Ausbildungserfolg zu beeinflussen, muß die Leitungszentrale jederzeit über das laufende Gefecht im Bilde sein. Dies geschieht durch die in kurzen Zeitabständen erfolgende Ortsbestimmung aller Gefechtsfahrzeuge und wichtiger oder bestimmter Personen im Gefecht über GPS, das über Satellitenpeilung und entsprechende Datenübertragung diese Standortbestimmung ermöglicht. Andere Erkenntnisse über das Gefecht gewinnt die Leitung über den Truppen- oder Schiedsrichterfunk.

Alle Gefechtsfahrzeuge und Soldaten sind mit AGDUS (aktiv zur Schusssimulation) und mit Empfängern zur Treffersimulation ausgerüstet

Zeitplan

Nach der Initiative des Heeresamtes von 1989/90 sowie langer Anlaufzeit und nach vielfältigen Erprobungen (auch des CMTC in Hohenfels) ist seit 1997 das Funktionsmuster des Gefechtsübungszentrums in seiner ersten Ausbaustufe in Betrieb. Damit ist die Ausbildung von verstärkten Kompanien möglich. Die 2. Ausbaustufe führt ab Ende 2000 durch kontinuierlichen Ausbau an die Endausbaustufe heran. Diese soll ab 2002 die volle Ausbildung von verstärkten Kampftruppenbataillonen im Gefecht der verbundenen Waffen oder im Einsatz der verbundenen Kräfte ermöglichen.

Kampfpanzer Leopard 1 A5 beim Schuss. Der Mündungsrauch entsteht durch Zündung einer entsprechenden Simulationsladung

Fernmeldesystem

Moderne Fernmeldemittel sind bestimmende Faktoren für Kommunikation und Führung in allen Bereichen des Lebens. Damit ist auch das Fernmeldesystem des Heeres (FmSysH) ein wesentlicher Teil der Führungsunterstützung.

Das FmSysH besteht aus sich gegenseitig ergänzenden Einzelfernmeldenetzen für die unterschiedlichsten Einsatzfälle:

- Automatisiertes Korpsfernmeldenetz (AUTOKO 90),
- Breitbandiges Integriertes Gefechtsstandfernmeldenetz (BIGSTAF),
- HF- und VHF-Truppenfunk,
- Integriertes, Rechnergestütztes Informationssteuerungs- und Netzführungssystem (IRIS) sowie eine Vielzahl von Kommunikationsendgeräten.

AUTOKO 90

An dieses mobile, voll digitalisierte Korpsfernmeldenetz können mit bis zu 40 Knoten- und 160 Abzweig-Vermittlungstrupps ca. 3 000 Teilnehmer angeschlossen werden. Das Vorhaben wurde nach dem Eurocom Standard realisiert und wird bei der Firma Dasa SI in München, ehemals Siemens Sicherungstechnik gefertigt.

Hoch hinaus – Aufbau einer Richtfunkantenne

Voll mit Elektronik – der Knotenvermittlungstrupp, digital

Das System verfügt u. a. über ein automatisches Teilnehmersuchverfahren, ein ableitbares Rufnummerschema und eine Teilnehmervorrangschaltung. Die Interoperabilität zu BIGSTAF, ISDN Bw, dem Netz der Telekom, NATO Partnern, SATCOM Bw und zu den Netzen der Luftwaffe und der Marine ist gegeben.

Die Teilnehmer der Gefechtsstände des Korps, der Division und Brigade werden über BIGSTAF an AUTOKO 90 angeschlossen. Weitere Teilnehmer können direkt an den

Mehr Nutzer am Netz – der Richtfunktrupp, mittel

Ab hier wird's geheim – das Bündelschlüsselgerät ELCROMUX 1-2

Knoten- und Abzweigvermittlungstrupps auf das Netz zugreifen. Damit steht allen angeschlossenen Bereichen Fernschreib-, Daten-, Bildschreib- und Sprachübertragung zur Verfügung.

Für die Sprachübertragung wird die sehr robuste und bandbreiteneffiziente Deltamodulation verwendet. Alle Verbindungen zwischen den Vermittlungstrupps sind bis zum Geheimhaltungsgrad „Geheim" verschlüsselt. Bei höheren Geheimschutzforderungen können End-to-End-Verschlüsselgeräte eingesetzt werden.

Der digitale Knotenvermittlungstrupp ist das Element, das die Vermaschung des AUTOKO 90 Netzes ermöglicht und alle Geräte und Verfahren für den Übergang in fremde Netze beinhaltet. Dieser Trupp ist in die große Fernmelde-Kabine eingerüstet und wird über eine Modulare Energieversorgung (MEV) der Firma Dornier mit Energie und Klima versorgt.

Das Multikommunikationssystem (MKS) 200 ist das Herzstück des AUTOKO 90 Systems. Übergreifend in vielen taktischen Kommunikationssystemen von Heer und Luftwaffe eingesetzt, stellt diese Vermittlungseinheit eine schnelle und sichere Vermittlung von Sprache und Daten sicher.

Die Richtfunksysteme FM 1000 und FM 15000, 1985 in die Bundeswehr eingeführt, werden als bewährte, zuverlässige und sehr flexibel einsetzbare Richtfunksysteme bis zu ihrer Ablösung die Zubringerfunktion von BIGSTAF zum AUTOKO 90 bedienen.

HF-Truppenfunk

Die Zeiten, in denen der Betrieb einer HF-Funkstrecke nur mit gut ausgebildetem, erfahrenem Personal möglich war, sind vorbei. Moderne Funkprozessoren mit adaptiven Funkverfahren passen sich den Gegebenheiten der Funkstrecke an und bauen schnell und sicher Funkverbindungen zu jedem Punkt der Erde auf. Die Übertragungsqualität und die Zuverlässigkeit im Verbindungsaufbau sind mit denen von Richtfunkstrecken vergleichbar. Moderne Code- und Modulationsverfahren ermöglichen bereits in den nächsten Jahren Datenübertragungsraten von 9,6 kBit/s in einem 3 KHz Kanal.

Damit wird der HF-Funk eine günstige Ergänzung zur SATCOM-Übertragung.

Nach vollständigem Zulauf der ca. 400 mobilen HF-Schreibfunktrupps A und C von der Firma Rohde & Schwarz, München, zur Truppe verfügt das Heer über moderne, leistungsfähige HF-Funksysteme für die Fernschreib-, Daten-, Bildschreib- und Sprachübertragung.

Die Sendeleistungen betragen – abhängig vom Gerätetyp – 100 W bzw. 1 000 W. Die Trupps können abgesetzt vom Gefechtsstand eingesetzt werden. Der Betrieb ist im hohen Maße automatisiert und ermöglicht eine schnelle und einfache Betriebsabwicklung, d.h. die Übertragung erfolgt im Festkanalbetrieb mittels automatischer Frequenzwahl und automatischem Vermittlungsaufbau.

Der HF-Schreibfunktrupp A – weltweit und nahezu grenzenlos

IRIS - Integrierte Rechnergestützte InformationsSteuerung und Netzführung

IRIS

- steigert die Zuverlässigkeit
- verbessert die Anpassungsfähigkeit
- erhöht die Lebensfähigkeit

Aufgaben

- Planung
- Steuerung
- Überwachung

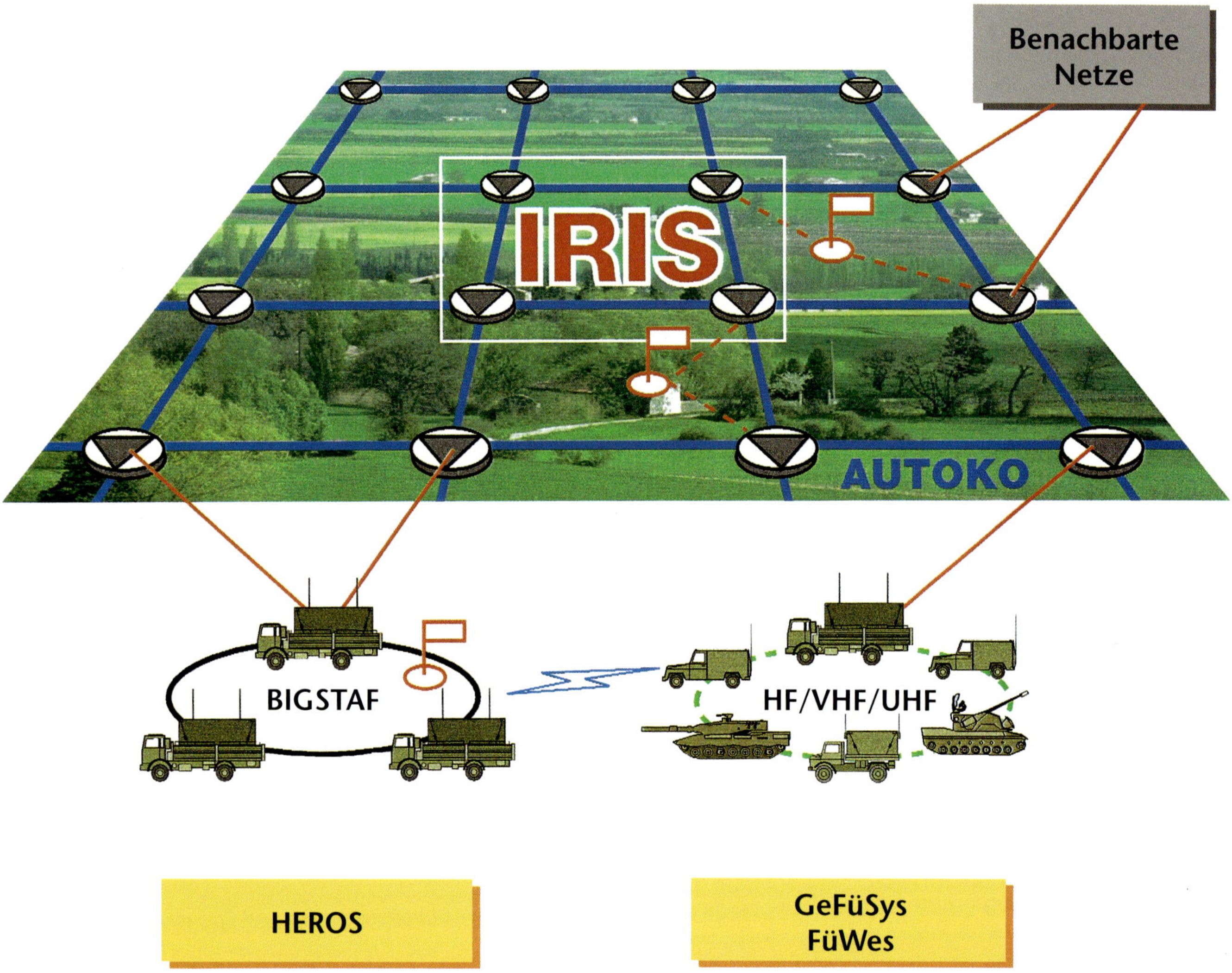

IRIS

Für dieses System ist die Definition durch die Firma ESG, München, abgeschlossen und die Entwicklung eingeleitet. Ab 2002 wird der Fernmeldetruppe Heer ein Führungs- und Einsatzsystem zur Verfügung stehen, mit dem unter Nutzung von Kernfunktionen der Führungs- und Waffeneinsatzsysteme ein übergreifendes Netzmanagement für das FmSysH mit seinen heterogenen Teilnetzen aufgebaut werden kann. Dabei werden die Aufgaben operationeller Einsatz, Netzplanung, Netzsteuerung und Netzüberwachung, Kryptomanagement sowie Informationsaustausch und Datenverwaltung unterstützt.

Dem Fernmeldeführer stehen damit die wesentlichen Leistungs- und Fehlerdaten aus den Teilnetzen zur Verfügung, so dass die erforderlichen Maßnahmen zur Netzoptimierung veranlasst werden können.

Der Kabel- und Gerätetrupp – zwei, die zusammengehören

Eine Komponente – das Breitband-Teilnehmeranschlussgerät (BTAG)

BIGSTAF

Die Anforderungen an Kommunikationsnetze im taktischen Bereich gehen weit über die im zivilen Bereich hinaus. BIGSTAF, das breitbandige, integrierte digitale Gefechtsstandfernmeldenetz, ist auf diese Anforderungen hin durch die Firma SEL Verteidigungssysteme, Pforzheim, in Zusammenarbeit mit der Firma Dasa Verteidigung und Zivile Systeme, Ulm, konzipiert und gebaut worden. Es wird die bisherige Fernmeldeausstattung auf den Gefechtsständen der Großverbände des Heeres ersetzen.

Dieses neue digitale Kommunikationsnetz zeichnet sich besonders durch seine flexible Anpassung an unterschiedliche Gefechtsstände aus. Das System besitzt eine hohe Mobilität und lässt sich leicht den jeweiligen taktischen Erfordernissen mit einem – gegenüber früheren Systemen – minimierten Personalaufwand anpassen. Die integrierte Sprach- und schnelle Datenübertragung kann gleichzeitig sowohl im LAN als auch mit Übergängen in das Weitverkehrsnetz AUTOKO 90 erfolgen. Es ermöglicht dabei den Anschluss und Betrieb aller analogen und digitalen Kommunikationsteilnehmer – einschließlich des Führungsinformationssystems HEROS – auf dem Gefechtsstand.

Hohe Mobilität besitzt der Netzverbindungstrupp

Die Funkgerätefamilie A/VHF (SEM 70/80/90) bildet das Rückgrat der Truppenfunkkommunikation

VHF-Truppenfunk

Der Truppenfunk ist das vorherrschende und vorwärts der Brigade oftmals einzige technische Kommunikationsmittel auf dem Gefechtsstand.

Im Fernmeldesystem des Heeres stellen die VHF-Truppenfunknetze einen der wichtigsten Systemanteile dar. Die Geräte entsprechen den Anforderungen an führungswichtige Sprach- und Datenkommunikation verbunden mit hoher Mobilität und großer Flexibilität.

Die Funkgerätefamilie A/VHF (SEM 70/80/90) der Firma SEL Verteidigungssysteme, Pforzheim, bildet das Rückgrat der Truppenfunkkommunikation. Die Standardbetriebsart dieser digitalen Funkgerätefamilie ist die frequenzökonomische und robuste Automatische Kanalwahl (AKW). Interoperabilität mit herkömmlichen Festkanalgeräten ist gegeben.

Aus dem einheitlichen Grundgerät A/VHF (Sender/Empfänger mit automatischer Kanalwahl) und zusätzlichen Standardbaugruppen entstehen drei modulare Gerätekonfigurationen:

- SEM 70 - Tornisterfunkgerät 4 W
- SEM 80 - Fahrzeugfunkgerät 4 W
- SEM 90 - Fahrzeugfunkgerät 4/40 W

Auf einer Grundplatte sind die Fahrzeugversionen SEM 80/80 bis SEM 90/90 konfigurierbar.

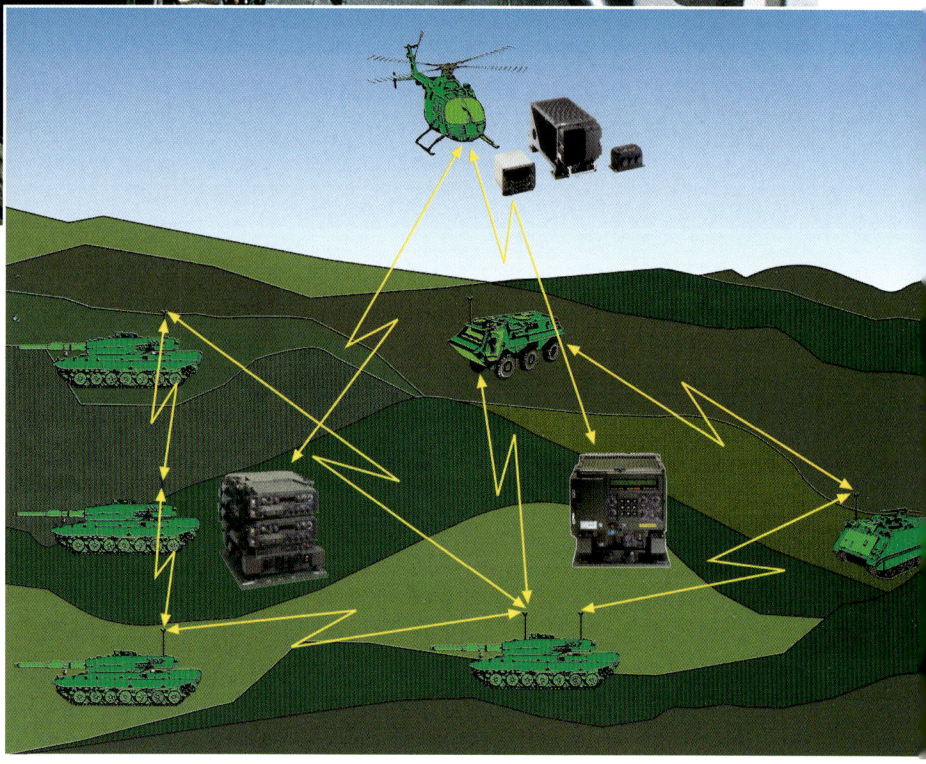

SEM 93, das Kommunikationsmittel für führungswichtige Sprach- und Datenverbindungen auf dem Gefechtsfeld

SEM 93/SEM 91

Das leistungsstarke, digitale Kompaktgerät SEM 93 gehört zu der neuesten Generation von VHF-Funkgeräten für Sprach- und Datenübertragungen, die für moderne Führungsverfahren, Führungs- und Waffeneinsatzsysteme unerlässlich sind.

SEM 93 und die Hubschrauberversion SEM 91 – beides Geräte der Firma SEL Verteidigungssysteme, Pforzheim – bilden die Systemergänzung zur Funkgerätefamilie A/VHF.

Das SEM 91 wurde für den Einsatz in fliegenden Waffen- und Transportsystemen entwickelt und ist in allen Funkbetriebsarten zum SEM 93 kompatibel. Es bindet die Luftfahrzeuge des Heeres in die Kommunikation der Bodenverbände und Gefechtsstände ein.

SEM 93 eingerüstet in gepanzerte Fahrzeuge

Funkgerätesatz SEM 93

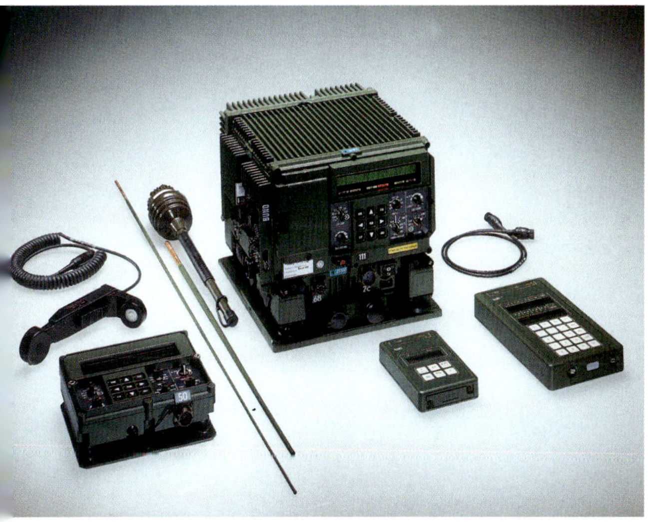

Merkmale

- Volle Abhörsicherheit durch integrierte Verschlüsselung
- Schutz gegen Täuschungsversuche
- Störresistenz durch ECCM-Funktionen
- Frequenzökonomie durch automatische Kanalwahl
- In allen Betriebsarten relaisfähig
- Hohe Datenübertragungskapazität
- Geräte-Einbauraster in Fahrzeuge und Kabinen identisch mit Truppenfunkgerät A/VHF (SEM 70/80/90)
- Interoperabel mit Festkanal-Funkgeräten gemäß STANAG 4204 (SEM 25/35, SEM 52A, SEM 52-S, SEM 52-SL)
- Interoperabel mit Funkgerätefamilie A/VHF in Festkanal- und Automatischer Kanalwahl

Hubschrauber

Inhalt

Tiger

Der deutsch-französische Kampfhubschrauber Tiger ist eines der bedeutendsten Hubschrauberprogramme in Europa. Wie andere Programme auch, die noch zu Zeiten der Ost-West-Konfrontation ihren Ursprung hatten, wurde das Tiger-Programm auf deutscher Seite der erweiterten Aufgabenstellung des Heeres angepasst. Aus dem reinen Panzerabwehrhubschrauber PAH-2 wurde der Unterstützungshubschrauber, den höhere Flexibilität und Autonomie auszeichnen. Einsatzmittel für künftige Konflikte werden die Vielfalt möglicher Aufgaben durch hohe Mobilität und universelle Einsatzfähigkeit abdecken müssen. Der Tiger wird durch seine technische Auslegung den neuen Gegebenheiten in hervorragender Weise gerecht. Er ist heute ein

Eine frühe Projektstudie des PAH-2 (oben)

Endmontage des ersten Prototypen. Die Verwendung von Faserverbundwerkstoffen wird deutlich

Erstflug des ersten Prototypen am 27. April 1991 in Marignane

Produktionsaufteilung beim Tiger

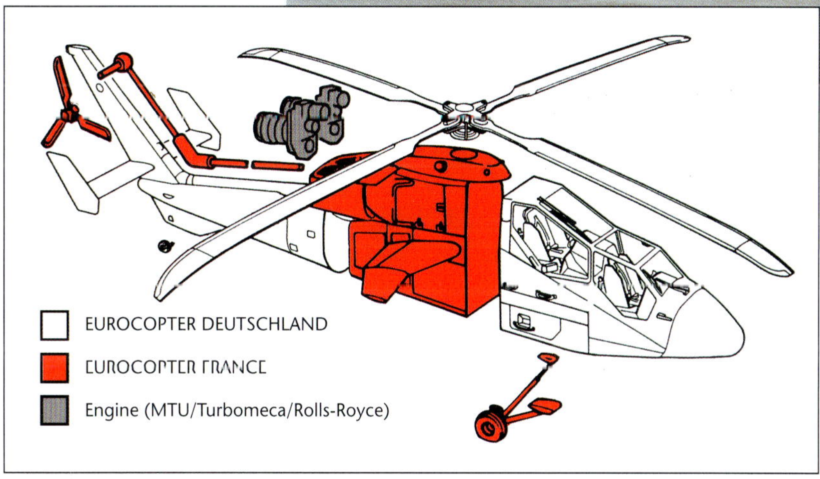

echter Mehrrollen-Hubschrauber, der folgende Aufgaben erfüllen kann:

- Selbständiges Führen des Gefechts aus der Luft,
- Unterstützung der Bodentruppen,
- Begleitschutz für andere Hubschrauber,
- Bewaffnete Aufklärung und
- Panzerabwehr.

Seine Aufgaben kann der Tiger zu jeder Tages- und Nachtzeit sowie bei beliebigen klimatischen Bedingungen erfüllen.

Neben der deutschen Version Unterstützungshubschrauber, von der ab 2002 212 Exemplare eingeführt werden sollen, gibt es noch zwei französische Varianten. Der Tiger HAC (Hélicoptère Anti Char) ist für die Panzerabwehr optimiert. Der Tiger HAP (Hélicoptère d'Appui et de Protection) ist eine Variante zur Unterstützung aus der Luft. Frankreich will 100 HAP ab 2003 und 115 HAC ab 2011 einführen.

Tiger mit 2 x 4 Panzerabwehr-Lenkflugkörpern HOT und 2 x 2 Luft/Luft-Lenkflugkörpern

Der Tiger ist ein zweisitziger Hubschrauber – Sitze in Tandemanordnung –, dessen Zelle vorwiegend mit Faserverbundwerkstoffen ausgeführt ist. Entwicklung, Erprobung und Serienbau erfolgen durch den deutsch-französischen Hubschrauberhersteller Eurocopter. Der Hubschrauber hat zwei Triebwerke, einen vierblättrigen halbstarren Hauptrotor und einen dreiblättrigen Heckrotor. Er besitzt eine moderne Flugsteuerung. Vom Tiger gibt es fünf Prototypen, die ersten vier absolvierten ihren Erstflug in Frankreich, der fünfte in Ottobrunn bei München. Der erste Prototyp PT1 flog am 27. April 1991 zum ersten Mal. Er ist der aerodynamische Prototyp mit der Basisavionik. PT2 entspricht der HAP-Version (Erstflug 22. April 1993). PT3 mit Mastvisier und voller Avionik flog erstmals am 19. November 1993. PT3 führte jedoch einen Großteil seiner Flugerprobung in Deutschland durch, d. h. die Aufteilung der Flugerprobungsaufgaben ist zwischen beiden Ländern gleichmäßig aufgeteilt. Der PT4 ist auch eine HAP-Version und für die Schießversuche mit den für die französische Version bestimmten Waffen vorgesehen. Er flog am 15. Dezember 1994 zum ersten Mal. Der letzte Prototyp PT5 entspricht der Ausführung für die deutschen Heeresflieger und machte seinen 20-minütigen Erstflug am 21. Februar 1996. Neben den Prototypen waren noch andere Hubschrauber-Muster zur Erprobung von Triebwerk und anderen Komponenten eingesetzt.

Die Bilder geben einen guten Eindruck von der außergewöhnlichen Beweglichkeit des Tiger

Der dritte Prototyp des Tiger in der deutschen Konfiguration

Wintererprobung des Tiger im Norden von Schweden Anfang 1997

Während der ILA '98 in Berlin wurde das Memorandum of Understanding über die Serienproduktion des Tiger unterzeichnet. Damals waren etwa 80 Prozent des Entwicklungsprogramms abgeschlossen. Auch mit dem Prototypen in der deutschen Version waren bereits Schießen mit dem Luft/Luft-Flugkörper Stinger und dem Panzerabwehrlenkflugkörper HOT-2 durchgeführt worden. Auf der Internationalen Luftfahrtausstellung in Le Bourget 1999 wurde der Vertrag über die Serienfertigung des Tiger unterschrieben, womit ein erstes Los von 160 Hubschraubern – je 80 für Deutschland und Frankreich – gesichert ist. Die Kosten- und Arbeitsanteile sind zu je 50 Prozent aufgeteilt.

Beim Schießen mit HOT wurden im Sommer 1999 Reichweiten von knapp 4 000 m erreicht

Technische Daten

Rumpflänge	14,00 m
Durchmesser Hauptrotor	13,00 m
Durchmesser Heckrotor	2,70 m
Höhe (einschl. Mastvisier)	5,00 m
Leergewicht	3 300 kg
Einsatzgewicht	bis 5 800 kg
Reisegeschwindigkeit	bis 280 km/h
Antrieb	2 Wellenturbinen MTU/ Rolls-Royce/ Turbomeca MTR 390 mit je 958 kW

Tiger in der französischen HAP-Version

CH-53G

Im Cockpit der CH-53G: Zwei Piloten und der Bordtechnische Offizier

Ein Luftlandepanzer Wiesel mit TOW wird in einer CH-53G verladen

Der Transporthubschrauber Sikorsky CH-53G ist das Arbeitspferd der Heeresflieger. Er ist der größte Serienhubschrauber des Westens und geht auf eine Forderung des U.S. Marine Corps aus dem Jahr 1962 zurück. Die damaligen Forderungen waren: hohe Nutzlast, Allwetterflugtauglichkeit, Möglichkeit zum Transport von 38 voll ausgerüsteten Soldaten mit einer Geschwindigkeit von 278 km/h, leichte Wartung und ein Wachstumspotential für künftige Anforderungen. 1963 erhielt Sikorsky mit seinem Vorschlag S-65 den Zuschlag. Der erste Prototyp flog am 19. Oktober 1964. 1966 erhielt Sikorsky nicht nur die Musterzulassung für den neuen Hubschrauber, sondern auch den Auftrag zur Entwicklung einer Variante für die U.S. Air Force. Im Januar 1967 wurden die ersten CH-53 nach Vietnam verlegt, wo sie sich bald einen guten

Ruf erwarben. Schon 1966/67 hatte man von deutscher Seite den Hubschrauber ins Auge gefasst, und am 27. Juni 1968 stimmte der Verteidigungsausschuss des Deutschen Bundestages der Beschaffung von 135 CH-53G zu. Zwei Vorserienmaschinen wurden bei Sikorsky in den USA hergestellt, 133 sollten in Koproduktion mit der deutschen Luftfahrtindustrie montiert werden. Die erste in Deutschland gebaute CH-53G wurde im Spätsommer 1971 bei VFW-Fokker (später MBB) in Speyer fertiggestellt. Sie flog am 11. Oktober 1971 zum ersten Mal. Am 26. Juli 1972 wurde der erste Hubschrauber an das Heer übergeben. Die ursprüngliche Beschaffungszahl wurde auf 112 reduziert.

Die CH-53G hat einen langen Rumpf mit rechteckigem Querschnitt und einer Heckladerampe. Die beiden Triebwerke und das Getriebe befinden sich seitlich bzw. oberhalb des Rumpfes. Das Fahrwerk kann eingefahren, die sechs Blätter des Hauptrotors und das Heck können angeklappt werden. Die Besatzung besteht aus zwei Piloten, dem Bordtechnischen Offizier und einem Bordwart.

Wartungsarbeiten

zur Reichweitensteigerung als auch die Realisierung der Nachtflugfähigkeit vor. Dazu gehört die Ausrüstung mit einem von Sikorsky entwickelten Außen-Zusatztanksystem, das die Reichweite auf über 1 800 km und die Flugdauer um fünf Stunden erhöht, eine bordnetzunabhängige Stromversorgung (bisher konnte man nur funken, wenn die Hilfsturbine lief, jetzt gibt es Batterien), neue Avionik-Komponenten wie eine Cockpit-Instrumentierung, die man auch mit Nachtsichtbrillen bedienen kann, sowie ein neues Navigationskonzept mit Kartengerät und GPS (Global Positioning System). Eine weitere Maßnahme ist die Ausstattung der CH-53G mit elektronischen Selbstverteidigungsmitteln zum Schutz gegen Angriffe mit Flugkörpern und radargesteuerten Flugabwehrkanonen. Mehrere Laser- und Flugkörper-Warnsysteme werden dazu installiert, deren Daten durch einen zentralen Rechner ausgewertet werden, der den Piloten die jeweilige Bedrohung anzeigt. Düppel und Infrarot-Fackeln werden bei Bedarf automatisch ausgelöst. Die Umrüstungen sollen bis 2003 abgeschlossen sein.

Bis 1996 unterstützten die Heeresflieger die UN im Irak (oben)

Heeresflieger mit ihrer CH-53G gehören zum SFOR-Kontingent in Bosnien-Herzegowina

Da weltweit derzeit kein Hubschrauber in der Größenordnung der CH-53G entwickelt wird und das Muster sich über die Jahre hervorragend im Einsatz bewährt hat, wurde beschlossen, durch Maßnahmen zur Kampfwertsteigerung und Lebensdauerverlängerung die Einsatzzeit bis in das Jahr 2030 zu verlängern. Zusammen mit Eurocopter Deutschland wurde ein Arbeitspaket entwickelt, das dieser Zielsetzung dient. Zu den Maßnahmen gehören Verstärkungen und Verbesserungen an der Zelle, eine neue Kabineneinstiegstür und grundüberholte Heckrotorträger. Ein wesentlich aufwendigeres und daher auch teureres Programm dient der Anpassung des Hubschraubers an die Erfordernisse im erweiterten Aufgabenspektrum, z.B. sogenannte Out-of-Area-Einsätze. Dies sieht sowohl Maßnahmen

CH-53G über Mostar

Deutsche CH-53G in Österreich zur Evakuierung von Lawinenopfern 1999 (rechts)

Technische Daten

Länge ü. a.	26,90 m
Rumpflänge	20,47 m
Rumpfbreite	4,70 m
Durchmesser Hauptrotor	22,02 m
Durchmesser Heckrotor	4,88 m
max. Abfluggewicht	19 050 kg
Reisegeschwindigkeit	248 km/h
Antrieb	2 x General Electric T64-GE-413 mit 2 x 2 935 kW

1997 war es auch den CH-53G zu verdanken, dass die Deiche an der Oder hielten

UH-1D

Der leichte Mehrzweckhubschrauber UH-1D wurde in den frühen 60er Jahren auf Vorschlag des Herstellers Bell als eine Weiterentwicklung der UH-1B von der U.S. Army in Auftrag gegeben. Im August 1963 begann die Lieferung der ersten von 2 008 UH-1D für das amerikanische Heer, das diesen Typ in großer Zahl in Vietnam einsetzte. Die Hubschrauber bewährten sich dort nicht nur im reinen Transporteinsatz, sondern führten auch eine Reihe von Spezialeinsätzen durch. Die Amerikaner führten danach die leistungsstärkere UH-1H ein, die in Italien, Japan und Taiwan auch in Lizenz gebaut wurde. Wesentliche Komponenten dieses Musters bilden die Grundlage für den Kampfhubschrauber AH-1 mit seinen verschiedenen Varianten. UH-1 und AH-1 befinden sich weltweit bei vielen Streitkräften im Einsatz.

Für die Bundeswehr wurden bei Dornier 294 Bell UH-1D in Lizenz gebaut, die bei Heer und Luftwaffe bis heute im Einsatz stehen. Die UH-1D wird im Wesentlichen für folgende Aufgaben eingesetzt:

- Personentransport (Truppentransport, VIP-Transport, Verwundetentransport)
- Sonderaufgaben
- Rettungseinsatz (Search and Rescue, SAR)
- Materialtransport (als Innen- und als Außenlasten).

Die UH-1D bei Heer und Luftwaffe sollen durch den neuen Hubschrauber NH 90 ersetzt werden.

Bell UH-1D mit Außenlast im Gebirge

Folgende Verbände sind mit dem Hubschrauber Bell UH-1D ausgerüstet:

Heer
Heeresfliegerregiment 6, Hohenlockstedt
Heeresfliegerregiment 30, Niederstetten
Heeresfliegerregiment 10, Faßberg

Luftwaffe
Lufttransportgeschwader 61, Penzing
Lufttransportgeschwader 62, Wunstorf
Lufttransportgeschwader 63, Hohn
Flugbereitschaft BMVg, Köln, Nörvenich

Landung einer UH-1D des Heeres in der Wüste von Somalia

Bergeübung in unwegsamem Gelände in Kroatien

Überprüfungen am Rotorkopf einer UH-1D der Luftwaffe

Technische Daten

Höhe	4,00 m
Breite	2,50 m
Gesamtlänge	17,50 m
Rotordurchmesser	14,64 m
Max. Abflugmasse	4 310 kg
Max. Nutzlast	1 500 kg
Max. Geschwindigkeit	220 km/h
Antrieb	1 Lycoming T 53 - L - 13B mit 1 044 kW (Lizenzbau von KHD heute BMW Rolls-Royce)

Einsatz der UH-1D beim Hochwasser der Oder

Die Besatzung einer UH-1D, konzentriert und aufmerksam

BO 105

Der leichte Hubschrauber BO 105 ist die erfolgreichste Konstruktion im deutschen Flugzeugbau nach dem Krieg. Die BO 105 fliegt in allen Erdteilen: Rund 1 500 Exemplare wurden an zivile und militärische Kunden in aller Welt geliefert. Der von der Bölkow GmbH (einer der Traditionsfirmen der heutigen DaimlerChrysler Aerospace AG, Dasa, München) entwickelte Hubschrauber flog am 16. Februar 1967 zum ersten Mal. Die BO 105 war der erste Hubschrauber seiner Klasse mit zwei Triebwerken und zeichnete sich durch zwei richtungweisende Neuerungen beim Rotorsystem aus. Als erster Hubschrauber erhielt die BO 105 einen aus einem Stück gefertigten Rotorkopf aus Titan, an den unter Verzicht auf die sonst üblichen Schlag- und

Im Gefecht wirken Kampfpanzer und Panzerabwehrhubschrauber zusammen

Ein Verbindungshubschrauber nimmt zwei Heeresbergführer im Karwendelgebirge auf

Schwenkgelenke die vier Rotorblätter aus glasfaserverstärktem Kunststoff direkt angebracht wurden. Dieses neuartige gelenklose Rotorsystem erzielte Flugeigenschaften, die man bislang von Hubschraubern nicht erwarten konnte.
1976 wurde die Beschaffung eines ersten Loses von 100 BO 105 als Verbindungshubschrauber, VBH, für das deutsche Heer freigegeben. Am 6. September 1977 flog eine auf den Standard PAH-1 (Panzerabwehrhubschrauber) umgerüstete BO 105 zum ersten Mal. Von dieser Version wurden 212 Hubschrauber für das Heer beschafft. Die Besatzung eines PAH-1 besteht aus Pilot und Kommandant/Schütze, der die in zwei Abschussanlagen beiderseits des Rumpfes untergebrachten sechs Panzerabwehrlenkflugkörper HOT einsetzt. Bei einer 1994 abgeschlossenen Kampfwertsteigerungsmaßnahme wurden mit einer moderneren Waffenanlage und verbesserten Rotorblättern die Leistungsdaten des Hubschraubers erhöht.

Ihre große Wendigkeit ist ein wesentliches Merkmal der BO 105

Technische Daten

Höhe	3,80 m
Breite	2,53 m (VBH), 3,86 m (PAH)
Gesamtlänge	11,86 m
Rotordurchmesser	9,84 m
Antrieb	2 x Allison 250 C20 R zu je 313 kW
Marschgeschwindigkeit	ca. 200 km/h

Gut versteckt wartet ein Panzerabwehrhubschrauber auf seinen Einsatz

Hauptmann Karl „Charly" Zimmermann – hier fliegt er mit seiner BO 105 einen Looping – siegte 1978 und 1981 bei den Hubschrauber-Weltmeisterschaften

NH 90

Der NATO-Hubschrauber NH 90 ist ein Mehrzweckhubschrauber der neuen Generation. Er erreicht wesentlich höhere Leistungen und ist die geeignete Ablösung veralteter Systeme. Die Auslegung des NH 90 basiert auf den gemeinsamen Forderungen aller Teilstreitkräfte von Deutschland, Frankreich und Italien sowie der niederländischen Marine. Um die sich z. T. diametral gegenüberstehenden Forderungen zu erfüllen, musste ein technischer Standard gewählt werden, der zu einem modernen, vielseitig einsetzbaren Hubschrauber führte, der einen kostengünstigen Einsatzflugbetrieb ermöglicht und ein hohes Wachstumspotential aufweist.

Die Rumpfstruktur des NH 90 besteht vollständig aus Faserverbundwerkstoff, im Wesentlichen aus kohlefaserverstärkten Kunststoffen. Dies führte zu einer Gewichtsersparnis von etwa 20 Prozent. Bei der Flugsteuerung kam moderne Fly-by-Wire-Technologie zum

Einsatz. Das Cockpit ist nach neuesten ergonomischen Erkenntnissen gestaltet und verfügt über modernste Anzeigen. Die geräumige Kabine kann bis zu 20 voll ausgerüstete Soldaten aufnehmen, die über große beidseitige Schiebetüren und eine Heckladerampe ein- und aussteigen können. Das Fahrwerk ist einziehbar. Haupt- und Heckrotor sind aus modernen Materialien. Sie arbeiten wirtschaftlich und sind wartungsarm. Der NH 90 hat zwei Triebwerke, wobei Deutschland sich noch nicht auf das Muster festgelegt hat.

Die beteiligte Industrie (Eurocopter Deutschland, Eurocopter France, Agusta aus Italien und Fokker aus den Niederlanden) hat als gemeinsames Unternehmen die NHI, NATO Helicopter Industries, gegründet. Dem steht

Der erste Prototyp flog am 18. Dezember 1995 bei Eurocopter France in Merignane
Auftritt bei der ILA '96 in Berlin

amtsseitig die NAHEMA, NATO Helicopter Management Agency, gegenüber. Die vier Nationen haben einen Bedarf von 642 Hubschraubern dieses Typs (Deutschland: 120 Heer, 85 Luftwaffe, 38 Marine). Die Auslieferung der ersten Serienhubschrauber wird im Jahr 2003 erwartet.

Technische Daten

Durchmesser Hauptrotor	16,30 m
Durchmesser Heckrotor	3,20 m
Länge über alles	19,56 m
Rumpflänge	15,89 m
Höhe über alles	5,44 m
Rumpfbreite	2,60 m
Leergewicht	6 428 kg
Max. Nutzlast	4 600 kg
Max. Reisegeschwindigkeit	290 km/h
Antrieb	2 Wellenturbinen (zur Wahl: das amerikanische T700 oder das europäische RTM 322)

Der zweite Prototyp ist ebenfalls in Merignane geflogen (oben)

Der zweite Prototyp dient der Erprobung der Fly-by-Wire-Steuerung (Mitte)

Der vierte Prototyp des NH 90 als Taktischer Transporthubschrauber flog zum ersten Mal am 31. Mai 1999 in Ottobrunn; er ist an der typischen Nase zu erkennen

Sea King

Zusammenwirken mit zivilen Rettungsdiensten

Für die Deutsche Marine sind 22 Hubschrauber des Typs Westland Sea King Mk.41 beschafft worden, mit denen im zugewiesenen Bereich der Such- und Luftrettungsdienst SAR (Search and Rescue) durchgeführt wird. Der Hubschrauber ist eine Entwicklung von Sikorsky für die amerikanische Marine, die ab 1961 245 Sikorsky S-61 Sea King eingeführt hat. Der vielseitige Hubschrauber wurde für zahlreiche Aufgaben herangezogen

Sea King kurz vor dem Start

und fand auch bald Interessenten im Ausland. Weil auch die Royal Navy einen Bedarf an einem Hubschrauber dieser Größenordnung hatte und der britische Hubschrauberhersteller Westland keine eigene Entwicklung anstrebte, beschloss man eine Lizenzfertigung. Der britische Prototyp flog am 7. Mai 1969 zum ersten Mal. Im gleichen Jahr wurde die deutsche Beschaffung beschlossen. Es dauerte dann noch knapp fünf Jahre, bis die ersten beiden Sea King bei ihrem Marinefliegergeschwader 5 (MFG 5) in Kiel-Holtenau landeten. Am 1. April 1974 wurde offiziell der SAR-Betrieb mit dem neuen Muster aufgenommen.

Die Sea King ist ein zweimotoriger Hubschrauber, dessen Rumpf als Schwimmkörper ausgelegt ist. Die Triebwerke und das Getriebe sind sehr kompakt und wurden oberhalb der geräumigen Kabine angebracht. Auf beiden Seiten des Rumpfes sind Stützschwimmer, die einen aufblasbaren Gummiwulst enthalten und in die das Hauptfahrwerk eingezogen wird. Das Spornrad ist nicht einziehbar. Haupt- und Heckrotor haben jeweils fünf Blätter. Die Blätter des Hauptrotors und das Heck können angeklappt werden. Für den SAR-Einsatz besteht die Besatzung aus zwei Piloten, Luftfahrzeugoperationsoffizier und Bordmechaniker, auch in Funktion als Luftretter. Maximal können 19 Passagiere befördert werden.

Sea King vor der Kampfwertsteigerung (Mitte und unten)

Eine Sea King setzt einen Mann auf einer Fregatte ab

Überlegungen zu einer erweiterten Nutzung des Potentials der Sea King führten Anfang der 80er Jahre zu einer Taktischen Forderung für die Kampfwertsteigerung des Waffensystems. Danach sollte die Sea King folgende Aufgaben gleichrangig wahrnehmen können:

- Autonome Bekämpfung leichter Seestreitkräfte,
- Such- und Rettungsdienst,
- Selbstschutzmaßnahmen sowie
- Ermittlung und Übertragung von Zieldaten.

Für den neuen Kampfauftrag wurde die Sea King mit vier leichten Seezielflugkörpern des Typs Sea Skua von British Aerospace einschließlich der zur Bedienung und Steuerung des Waffeneinsatzes erforderlichen Geräte ausgerüstet. Zielerfassung und Beleuchtung für die halbaktiven Flugkörper werden durch das neue Radargerät Sea Spray Mk 3 an Bord des Hubschraubers durchgeführt. Das Sea-Spray-Gerät wird ebenfalls bei den Suchaufgaben im SAR-Einsatz verwendet. Nunmehr sind Einsätze bei Nacht und schlechtem Wetter mit

Sea King mit zwei Sea Skua Flugkörpern auf beiden Seiten des Rumpfes

Sea King mit angeklappten Rotoren auf dem Landedeck eines Tenders

wesentlich höherer Präzision möglich. Für den Selbstschutz des Hubschraubers wurden ein Radarwarnempfänger sowie zur Täuschung und Ablenkung radar- oder infrarotgelenkter Flugkörper ein Gerät zum Ausbringen von Düppeln oder Täuschkörpern eingerüstet. Die Entwicklungsarbeiten für die Aufgabe „Ermittlung und Übertragen von Zieldaten" konnten nicht erfolgreich abgeschlossen werden und wurden daher abgebrochen. Die Sea King wird vermehrt zu Transportaufgaben zwischen Schiffen herangezogen. Sie soll bis ins Jahr 2012 ihren Dienst versehen.

Technische Daten

Länge ü. a.	22,15 m
Breite	4,94 m
Höhe	5,13 m
Durchmesser Hauptrotor	18,90 m
Durchmesser Heckrotor	3,16 m
Leergewicht	6 300 kg
max. Abfluggewicht	9 300 kg
Höchstgeschwindigkeit	255 km/h
Reisegeschwindigkeit	185 km/h
Reichweite	1 230 km
Antrieb	2 x Rolls-Royce Gnome H.1 400-1 mit 2 x 1 228 kW (max.)

Landung auf dem Deck des Tenders MAIN

Kurz vor dem Start von Deck eines Tenders

Sea Lynx

Die Entwicklung des Bordhubschraubers Westland Sea Lynx geht auf das britisch-französische Hubschrauberabkommen von 1968 zurück. Danach wurden drei Hubschrauber für die Streitkräfte beider Länder entwickelt, Gazelle und Puma von Aérospatiale und Lynx von Westland. Der leichte Mehrzweckhubschrauber Lynx sollte sowohl beim britischen Heer als auch bei der französischen und britischen Marine eingesetzt werden. Der Erstflug einer Lynx fand am 21. März 1972 statt. Ende der 70er Jahre wurden die ersten Lynx bei der Truppe eingeführt, bald schon fand das Muster auch bei anderen Streitkräften Interessenten. Mit der Einführung der Fregatten F 122 stellte sich für die Deutsche Marine die Frage nach einem geeigneten

Sea Lynx im Anflug auf eine Fregatte

Der Hubschrauber wird an Deck verzurrt

Bordhubschrauber. Man entschied sich für die weiterentwickelte Lynx-Version Sea Lynx Mk 88, wovon zunächst zwölf und später – nach Einführung der Fregatten F 123 – sieben weitere bestellt wurden. Die Sea Lynx wurden organisatorisch in einer dritten Staffel dem Marinefliegergeschwader 3 (MFG 3) „Graf Zeppelin" in Nordholz angegliedert. Am 1. Oktober 1981 wurden die ersten drei Sea Lynx übernommen.

Die Sea Lynx werden in der U-Jagd, im taktischen Lufttransport und eingeschränkt auch im SAR-Dienst von Bord der Fregatten eingesetzt. Auf jeder Fregatte sind zwei Sea Lynx und 18 Mann fliegendes und technisches Personal stationiert. Bei der U-Bootjagd taucht ein Hubschrauber einen Sensor (Sonar-Sonde an einem über 300 m langen Stahlseil) ins Wasser. Die Sensordaten werden an die Fregatte oder einen zweiten Hubschrauber übermittelt, die dann Torpedos einsetzen. Die Sea Lynx ist mit zwei U Jagd-Torpedos ausgerüstet.

Sea Lynx über der KARLSRUHE

Der Hubschrauber bringt Versorgungsgüter als Außenlast an Bord

Die erste von sieben neuen Sea Lynx wurde im Juli 1999 an die Deutsche Marine übergeben

Technische Daten

Länge über alles	15,16 m
Höhe	3,59 m
Durchmesser Hauptrotor	12,80 m
Durchmesser Heckrotor	2,21 m
Leergewicht	3 339 kg
max. Abfluggewicht	4 875 kg
Höchstgeschwindigkeit	333 km/h
Reisegeschwindigkeit	278 km/h
Reichweite	629 km
Antrieb	2 x Rolls-Royce Gem 2 mit 2 x 835 kW (max.)

Flugzeuge und Flugkörper

Inhalt

Eurofighter

Ein Jagdflugzeug für die Luftwaffe

Maß- und Leistungsangaben	
Spannweite	10,95 m
Länge	15,96 m
Höhe	5,28 m
Leermasse	9,999 t
Max. Startmasse	23 t
Max. Geschwindigkeit	Mach 2+
Antrieb	2 EJ200
	max. Schub ohne Nachbrenner 2 x 60 kN
	max. Schub mit Nachbrenner 2 x 90 kN

Eine wesentliche Aufgabe von Luftstreitkräften ist die Luftverteidigung. Sie umfasst alle Maßnahmen, mit denen die Wirksamkeit gegnerischer Luftangriffe abgeschwächt oder zunichte gemacht wird. Unter den Mitteln der Luftverteidigung hat das Jagdflugzeug aufgrund seiner speziellen Eigenschaften eine ganz besondere Bedeutung. Jagdflugzeuge können schnell reagieren, verfügen über eine hohe Geschwindigkeit und haben eine große Reichweite. Sie sind besonders flexibel einsetzbar und eignen sich zur wirkungsvollen Schwerpunktbildung. Im Frieden sind sie ein Mittel zur Luftraumüberwachung. Sie identifizieren direkt und zuverlässig Flugbewegungen über dem Gebiet Deutschlands. In der Krise sind Jagdflugzeuge ein Mittel für Soforteinsätze im Rahmen des Krisenmanagements. Jagdflugzeuge sichern in einem Krieg den Luftraum und bilden Schwerpunkte in der Abwehr. Im erweiterten Aufgabenspektrum der deutschen Streitkräfte können Jagdflugzeuge Verlegungen und Operationen eigener und verbündeter Kräfte wirkungsvoll schützen.

Der erste Prototyp DA1 des Eurofighters flog in Deutschland am 27. März 1994

Der zweite Prototyp bei einem Start mit Nachbrenner

Beide deutschen Prototypen bei einem Formationsflug über einem bayerischen See

Die qualitativen Anforderungen an ein modernes Jagdflugzeug sind daher hoch. Das Jagdflugzeug muss für die Bekämpfung von bemannten und unbemannten Luftzielen unter allen Wetterbedingungen in den unterschiedlichsten Höhenbereichen, geographischen Einsatzzonen und tageszeitlichen Bedingungen ausgelegt sein. Es muss weitreichende Sensoren haben, mit denen Luftziele erfasst, identifiziert und verfolgt werden können. Genauso wichtig ist die Fähigkeit zur gleichzeitigen Bekämpfung mehrerer Ziele. Hohe Agilität und Selbstschutzfähigkeit erhöhen die Einsatzwirksamkeit. Nicht zuletzt muss es so konstruiert sein, dass ein Pilot die eingebauten Fähigkeiten auch voll nutzen kann. Angesichts der relativ hohen Beschaffungskosten von fliegenden Waffensystemen sind lange Nutzungszeiten (um die 30 Jahre) konstruktiv zu berücksichtigen.

*Der zweite deutsche Prototyp DA5.
Er flog am 24. Februar 1997 zum ersten Mal*

Die Entwicklung des Eurofighter-Programms

Mitte der 80er Jahre hatte das neue Kampfflugzeug in Konzeptstudien noch ein doppeltes Leitwerk

Mitte der 70er Jahre hatte die Luftwaffe das Jagdflugzeug F-4F Phantom II eingeführt. Seine Nutzung war bis Mitte der 90er Jahre vorgesehen, so dass man sich ab Ende der 70er Jahre Gedanken über ein Nachfolgemodell machte. Dies fand zunächst trinational – Deutschland, Frankreich, Großbritannien – statt. Im Dezember 1983 unterzeichneten die Luftwaffenchefs der drei Länder ein sogenanntes Outline European Staff Target, OEST, das den Beginn des Eurofighter-Programms markiert. Im Juli 1984 trafen sich die Verteidigungsminister von Deutschland, Frankreich, Großbritannien, Italien und Spanien und gaben eine Machbarkeitsstudie in Auftrag. 1985 wurden wichtige Eckdaten für das neue Flugzeug festgelegt. Im gleichen Jahr stieg Frankreich aus dem Programm aus, um mit der Rafale ein nationales Programm zu verfolgen. Im Juli 1986 wurde die Eurofighter Jagdflugzeug GmbH als industrieseitiger Auftragnehmer gegründet. Mutterfirmen waren MBB (heute DaimlerChrysler Aerospace AG, Dasa), British Aerospace, CASA (Spanien) und Aeritalia (heute Alenia). Für die Entwicklung, Erprobung und Produktion des Triebwerks

Zur Erprobung neuer Technologien für das EFA wurde in Großbritannien das Experimental-Flugzeug EAP (Experimental Aircraft Programme) gebaut. Es flog am 8. August 1986 zum ersten Mal

Der ehemalige Generalsekretär der NATO, Manfred Wörner, 1992 in Farnborough vor einem EFA-Modell, der als Verteidigungsminister wesentlichen Einfluss auf das Programm hatte

wurde die Eurojet Turbo GmbH gegründet als Tochter von MTU München, Fiat Aviazione (Italien), Sener/ITP (Spanien) und Rolls-Royce. Als Auftraggeber wird eine internationale Organisation gebildet, die NEFMA, NATO European Fighter Management Agency. Im November 1988 wird der Auftrag für die Entwicklungsphase unterzeichnet.

Nach den sicherheitspolitischen Veränderungen in Europa kam auch das European Fighter Aircraft, EFA, (in Deutschland auch als „Jäger 90" bezeichnet) auf den Prüfstand. Nach teils heftigen Auseinandersetzungen erfolgte eine Neuorientierung des Programms, das fortan Eurofighter hieß. Diese Neuorientierung wurde 1995 abgeschlossen. Am 27. März 1994 flog der erste von sieben Prototypen, am 27. Januar 1997 der siebte. Die Entwicklung wesentlicher Komponenten und Fähigkeiten schreitet planmäßig voran. Bei über 1 050 Flügen wurden mehr als 850 Flugstunden verbucht (Stand Juni 1999).

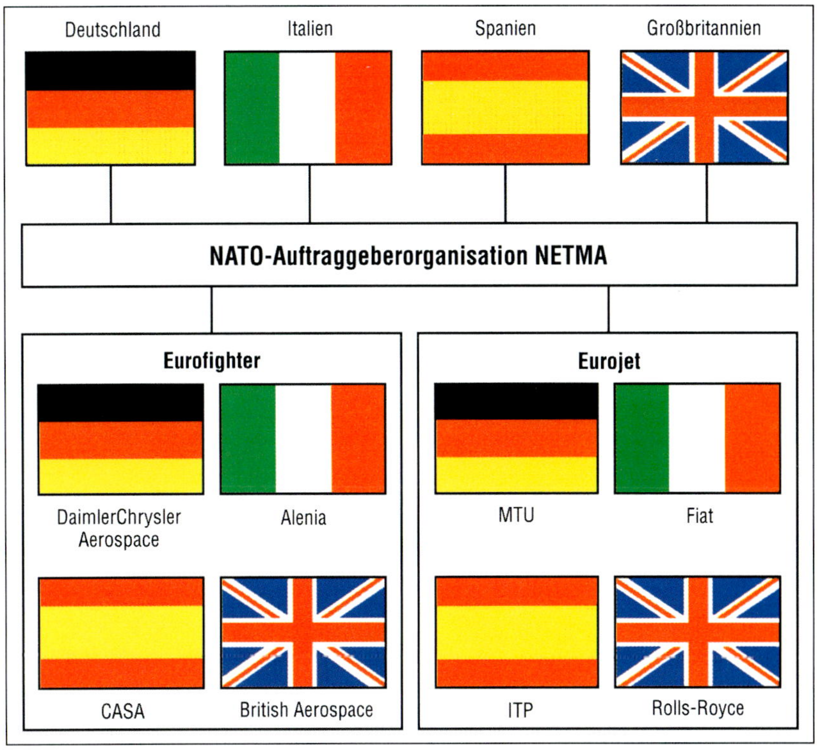

Management-Organisation des Eurofighter-Programms. Aus der NEFMA ist die NETMA geworden: NATO Eurofighter and Tornado Management Agency

Arbeiten an einem Rumpfsegment des Eurofighters bei MBB

Der erste Eurofighter geht seiner Fertigstellung bei MBB in Ottobrunn entgegen

Blick in das Cockpit

Versuche für die elektromagnetische Verträglichkeit in Manching

Beschreibung

Der Eurofighter ist heute das fortschrittlichste Kampfflugzeug der Welt. Das Flugzeug hat eine Delta-Canard-Auslegung (Delta-Flügel mit Entenleitwerk), was hohe Flugleistungen im Überschall und hohe Agilität (Manövrierfähigkeit in allen Geschwindigkeitsbereichen) bewirkt. Die beiden Zweiwellen-Zweistrom-Triebwerke EJ200 neuester Technologie sind ebenfalls für hohe Überschallleistungen geeignet. Die Verbrennung erfolgt rauchfrei. Der Auslegung eines einsitzigen Jagdflugzeug-Cockpits kommt zur Reduzierung der Arbeitsbelastung des Piloten große Bedeutung zu, wobei beim Eurofighter das wesentlichste Prinzip das sogenannte „Carefree Handling" (u. a. auch realisiert durch den Einsatz von aktiver Sprachsteuerung) ist. Das Cockpit gewährt ausgezeichnete Sicht nach außen und ist mit modernsten Anzeigegeräten (Head-up- und Head-down-Displays) ausgestattet. Die Struktur des Flugzeuges besteht zu einem großen Anteil aus Kohlenfaser-Verbundwerkstoff, was zu einer Verringerung des Gewichts gegenüber herkömmlichen Bauweisen führte. Die Zelle ist auf eine Lebensdauer von 6 000 Flugstunden oder 25 Jahre ausgelegt, bei Lastvielfachen von 9 g. Diese Werte wurden in einem Langzeit-Strukturversuch nachgewiesen. Beim Eurofighter wird ein digitales, vierkanaliges (dreifach redundantes) Flugsteuerungssystem verwandt, das eine instabile Auslegung des Flugzeuges erlaubt. Damit werden sowohl niedrigere Strukturgewichte als auch bessere Manövrierleistungen erreicht.

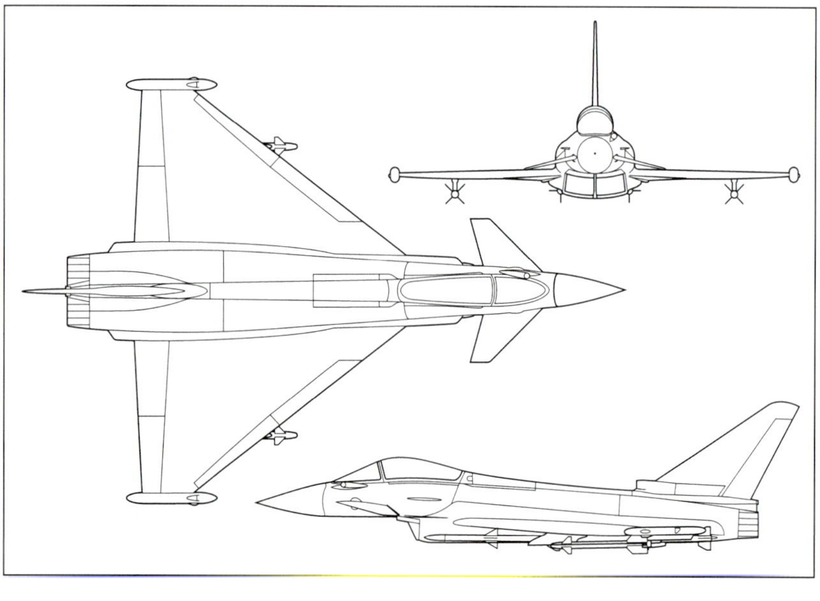

Die Avionik des Eurofighters ist modular aufgebaut. Sie enthält Subsysteme für Kommunikation, Navigation, Anzeige- und Bedieneinrichtungen, Feuerleitung/Identifizierung und Elektronische Kampfführung. Hauptsensor für die Feuerleitung ist ein Multifunktionsradar für den Luft/Luft- wie auch den Luft/Boden-Einsatz. In der Luftverteidigungsrolle besteht die Bewaffnung zum Zeitpunkt der Einführung des Eurofighters neben der Bordkanone aus den Flugkörpern AMRAAM für die Mittelstrecke und AIM-9L für die Kurzstrecke. Als Ersatz für AMRAAM werden derzeit Alternativ-Lösungen untersucht, AIM-9L wird ersetzt durch IRIS-T.

Übergeordnetes Ziel bei der Konstruktion des Eurofighters war eine hohe Zuverlässigkeit und damit hohe Verfügbarkeit des Waffensystems. Dies wird unterstützt durch moderne logistische Verfahren, die eigens für den Eurofighter von der Luftwaffe und der Industrie entwickelt wurden.

Ein EJ200-Triebwerk in der Montage bei MTU München

Das European Collaborative Radar (ECR90) wird vom Konsortium Euroradar hergestellt (GEC Marconi Avionics, Dasa, FIAR und ENOSA)

Der erste deutsche Prototyp mit vier AMRAAM und zwei Sidewindern

Eurofighter mit dem Kurzstrecken-Lenkflugkörper IRIS-T von BGT

Eurofighter international

Das Produktionsprogramm für die anfängliche Beschaffung von 620 Eurofightern plus einer Option über 90 weitere Flugzeuge wurde von der NATO-Agentur NETMA und der Eurofighter GmbH am 30. Januar 1998 unterzeichnet. Dieser Vertrag wird durch Einzelverträge ergänzt. Der erste Teilvertrag (Supplement 1) regelt die Serienvorbereitung von 620 Flugzeugen. Ein Rahmenvertrag bestimmt die Integrierte Logistische Betreuung. Zwei Beschaffungsverträge legen die logistischen Betreuungsaufgaben bzw. das weitere Vorgehen bei bestimmten Systemen fest. Am 18. September 1998 wurde mit der sogenannten Supplement-2-Vereinbarung der konkrete Auftrag zum Bau eines ersten Loses von 148 Flugzeugen gegeben. Der erste Serien-Eurofighter soll 2000 endmontiert werden und 2001 in die Erprobung gehen. Die Luftwaffe wird ab 2002 mit dem Eurofighter ausgestattet.

Der erste britische Prototyp DA2 (Erstflug 6. April 1994) wird von einer VC10 betankt

Italiens erster Prototyp DA3 hob am 4. Juni 1995 zum ersten Mal ab

Festbestellung (davon Doppelsitzer)		**Optionen**
Deutschland	180 (33)	
Großbritannien	232 (37)	65
Italien	121 (15)	9
Spanien	87 (15)	16

Der Bau des Eurofighters wird in einer internationalen Arbeitsteilung erfolgen. Bis auf die Ebene einzelner Baugruppen findet die Produktion nach dem „Single Source Principle" statt, d.h. Teile und Baugruppen werden nur an einer Stelle gefertigt. So produziert die Dasa alle 620 Rumpfmittelteile und die MTU alle Verdichter für das Triebwerk. Diese Arbeitsteilung ist auch für die vorwiegend mittelständisch geprägte Ausrüstungsindustrie von großer Bedeutung. Die Endmontage der Flugzeuge findet jeweils auf nationaler Basis statt.

Der siebte Prototyp DA7 ist ein Italiener mit Erstflug am 27. Januar 1997

Der britische DA4 (14. März 1997) war der erste Doppelsitzer. Die Doppelsitzer sind zwar für die Ausbildung vorgesehen, sie verfügen jedoch über die volle Einsatzfähigkeit des Einsitzers

Für ein Flugzeug mit dem Leistungsvermögen des Eurofighters gibt es einen weltweiten Markt. So wird am internationalen Markt ein Bedarf in der Größenordnung von 800 Flugzeugen geschätzt. Die Eurofighter GmbH, die den Eurofighter im Export unter dem Namen „Typhoon" vermarktet, will davon einen Anteil von 50 Prozent erreichen. Die Erfolgsaussichten sehen – Mitte 1999 – durchaus positiv aus. Norwegen und Griechenland stehen in konkreten Verhandlungen. Weitere europäische Staaten, aber auch Luftwaffen in Übersee haben ihr Interesse bekundet.

DA6, der spanische Doppelsitzer, der als einziger spanischer Prototyp am 31. August 1996 erstmals flog

Tornado

Deutsche ECR-Tornados werden auf dem Flugfeld von Piacenza auf den Einsatz vorbereitet

Einsatz auf dem Balkan

Vieles war wie immer. Die Piloten beherrschen ihre Handgriffe. Letzte Checks. Die Nachbrenner zünden, Bremsen lösen, und ab geht's. Es ist der 24. März 1999, früher Abend, Ort: der italienische Flugplatz San Damiano bei Piacenza. Deutsche ECR-Tornados starten zum ersten Mal zu einem Kampfeinsatz in den Luftraum der Föderativen Republik Jugoslawien.

Die Tornados sind Teil einer Streitmacht der NATO, die durch Luftangriffe auf Einrichtungen der serbischen Streitkräfte das Land zur Anerkennung des in Rambouillet und Paris ausgehandelten Friedensabkommens für das Kosovo zwingen soll. Auch bei diesen Einsätzen sind die einzigartigen Fähigkeiten der ECR-Version des Tornados besonders gefragt.

Ein Aufklärungs-Tornado mit Aufklärungsbehälter unter dem Rumpf

Er ist sich der Bedeutung seines Auftrages bewusst

Dies war nicht der erste Einsatz über dem ehemaligen Jugoslawien. Der erste Einsatz fand am 7. August 1995 statt, deutsche Tornados begleiteten amerikanische Kampfflugzeuge nach Sarajewo. Die Tornados und ihre Besatzungen hatten den Auftrag, Kampfflugzeuge der Verbündeten als Begleitflugzeuge gegen feindliche Radar- und Luftverteidigungsstellungen zu schützen. Die ECR-Tornados wurden dabei zusammen mit Kampf-, Aufklärungs- und anderen Unterstützungsflugzeugen eingesetzt.

Die Tornados gehören zum Einsatzgeschwader 1, das im Rahmen des deutschen Einsatzkontingents in Piacenza aufgestellt wurde. Diesem Verband wurden für den ersten Einsatz acht ECR-Tornados des Jagdbombergeschwaders 32 aus Lechfeld und sechs Aufklärungstornados des Aufklärungsgeschwaders 52 aus Leck unterstellt. Die ersten ECRs sind seit dem 21. Juli 1995 in Piacenza.

Gemeinsamer Auftrag: deutsche und italienische Offiziere

Entwicklung und Erprobung

Das europäische Kampfflugzeug Tornado ist das Ergebnis trinationaler Entwicklung, die sich an der militärischen Bedrohung Westeuropas in den 60er Jahren, der damals gültigen NATO-Doktrin der flexiblen Reaktion und den gemeinsamen Forderungen der am Programm beteiligten Luftstreitkräfte orientierte. Das zunächst als MRCA 75 (Multi-Role Combat Aircraft für die Einführung ab 1975) bezeichnete Vorhaben war das bis dahin bedeutendste militärische Flugzeugprogramm in Europa und ein wichtiger Schritt hin zur Standardisierung innerhalb des Bündnisses.

Für Entwicklung, Produktion und die spätere Betreuung wurde am 26. März 1969 die Panavia Aircraft GmbH gegründet, eine Tochterfirma von MBB (42,5 %, heute Daimler-Chrysler Aerospace, Dasa), British Aerospace (42,5 %) und Aeritalia (15 %, heute Alenia).

Der Entwicklungsbeginn war 1970, der Erstflug von Prototyp 01 fand am 14. August 1974 bei MBB in Manching statt, der letzte von neun Prototypen flog am 5. Februar 1977 als zweites

Messanlage zur Untersuchung der elektromagnetischen Verträglichkeit (EMV) bei Dasa, Manching

Der zweite deutsche Prototyp

italienisches Flugzeug. Als am 24. September 1998 mit der Auslieferung des letzten Serienflugzeuges an die Royal Saudi Air Force die Produktion beendet wurde, waren 992 Tornados an die Luftstreitkräfte von vier Ländern geliefert worden.

Die ersten Serienflugzeuge flogen im Juli 1979, die ersten Tornados für die Umschulung der Piloten gingen im Juli 1980 an das Trinational Tornado Training Establishment, TTTE, in Cottesmore (diese Einrichtung wurde am 31. März 1999 geschlossen). Im Januar 1982 übernahm der erste britische Einsatzverband seinen ersten Tornado, der erste deutsche Tornado wurde im Juli 1982 ein Marineflieger, die Italiener stellten im August 1982 den ersten Tornado in Dienst. Der erste Export-Tornado ging 1986 an Saudi Arabien.

Endmontage in Manching

Das erste deutsche Serienflugzeug

Erprobung der Bordkanone

Technik und Einsatz

Der Tornado ist ein zweisitziges Kampfflugzeug mit zwei Triebwerken. Er verfügt über eine variable Flügelgeometrie (Schwenkflügel) und verschiedene Auftriebshilfen. Der Tornado war das erste einsatzfähige Militärflugzeug, das von Anfang an mit elektrischer Flugsteuerung (fly-by-wire) entworfen worden ist. Das Flugzeug ist mit einem Bodenbilddarstellungsradar (Ground Mapping Radar – GMR) und einem Geländefolgeradar (Terrain Following Radar – TFR) ausgestattet. Ein Zentralrechner integriert die umfangreiche Avionik, die Piloten erhalten ihre Informationen über moderne Sichtanzeigen. Den Einsatzwert des Tornados bestimmen die reduzierten Wartungsanforderungen und damit erhöhte Verfügbarkeit, eine große Waffenzuladung, große Reichweite (Luftbetankung), hohe Geschwindigkeit auch im Tiefstflug sowie eine hohe Überlebensfähigkeit. Der Tornado benötigt eine relativ kurze Start- und Landestrecke, er ist mit einem Hilfsaggregat (Auxiliary Power Unit – APU) ausgerüstet, das ihm eine weitgehende Unabhängigkeit von Bodengerät sichert.

Das Waffensystem Tornado wurde für eine große Zahl verschiedener, vor allem Luft/Boden-Waffen zugelassen. Seine erste Kampferfahrung sammelte er im Golfkrieg, wo er von Briten und Italienern eingesetzt wurde.

Ein Zusatztank wird angebracht

Technische Daten	
Flügelspannweite	8,60–13,91 m
Gesamtlänge	16,72 m
Höhe	5,70 m
Max. Geschwindigkeit	Mach 1.2 in Meereshöhe Mach 2.2 in großen Höhen
Typischer Einsatzradius (Hi-Lo-Hi, d. h. Anflug in großer Höhe, Zielanflug tief, Rückflug in großer Höhe)	1 390 km

Vor dem Start

Antrieb

2 Turbofan-Triebwerke RB 199 mit Nachbrenner je ca. 73 kN Schub

Das von der Turbo Union (Tochter der MTU München, Rolls-Royce und Fiat Aviazione) speziell für den Tornado entwickelte Triebwerk wurde als Dreiwellentriebwerk ausgelegt

Die deutschen Tornado-Geschwader

Jagdbombergeschwader 31 „Boelcke"	Nörvenich
Jagdbombergeschwader 32	Lechfeld
Jagdbombergeschwader 33	Büchel
Jagdbombergeschwader 34 „Allgäu"	Memmingen
Jagdbombergeschwader 38 „Friesland"	Jever
Aufklärungsgeschwader 51 „Immelmann"	Jagel
Marinefliegergeschwader 2	Eggebek

Mit umfangreichen Maßnahmen zur Kampfwertsteigerung wird der Tornado an neue Aufgabenstellungen und nunmehr verfügbare Technik angepasst.

Wartung und Instandsetzung

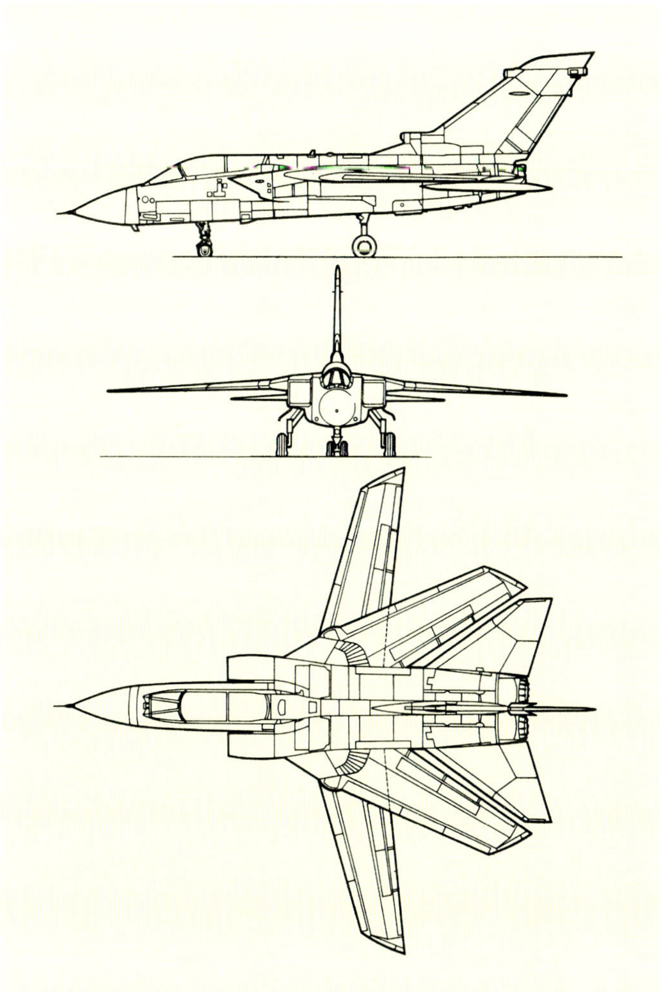

Varianten, internationale Nutzung

Zwei italienische Tornados bei der Luftbetankung

Das Kampfflugzeug Tornado wurde von Beginn an zur Eignung für mehrere Einsatzrollen ausgelegt. Es gibt zwei Grundversionen, bei denen jedoch auf eine hohe Identität von Zelle, Triebwerk und Systemen geachtet wurde. Die Abriegelungs- und Angriffsversion des Tornados (Interdictor Strike – IDS) und die Luftverteidigungsvariante (Air Defence Variant – ADV) unterscheiden sich auf den ersten Blick nur durch den verlängerten Rumpf der ADV.

Tornado IDS

Die IDS-Tornados (britische Bezeichnung Tornado GR.) befinden sich in allen vier Nutzerstaaten Deutschland, Großbritannien, Italien und Saudi Arabien im Einsatz. Die IDS-Version des Tornados zählt zu den kampfstärksten Flugzeugen im Luft/Boden-Einsatz, sie ist in der Lage, ein großes Waffenspektrum mit hoher Geschwindigkeit und Präzision bei Tag und Nacht und jedem Wetter ins Ziel zu bringen. Die deutschen IDS-Tornados können neben der eingebauten Bordkanone mit folgenden Waffen versehen werden: MW-1, AIM-9L, AGM-65, AGM-88. Die modulare Abstandswaffe Taurus ist in der Entwicklung. Die IDS-Tornados der deutschen Marine können auch den Anti-Schiff-Lenkflugkörper Kormoran einsetzen. Die Luftwaffe verfügt über ein Aufklärungsgeschwader, dessen IDS-Tornados mit einem Aufklärungsbehälter ausgerüstet sind.

Saudische IDS-Tornados über der Wüste

Tornado ADV

Die Air Defence Version des Tornados wird in Großbritannien, Saudi Arabien und Italien eingesetzt. Die ADV war für die Langstreckenluftverteidigung der westlichen Seewege entwickelt worden. Lange Flugdauer und ein großer Erfassungsbereich waren daher die Hauptforderungen. Die Bewaffnung besteht aus der 27-mm-Kanone von Mauser und den Flugkörpern Sky Flash und Sidewinder, künftig AMRAAM und ASRAAM.

Britischer IDS-Tornado

Tornado ECR

Die ECR-Version (Electronic Combat and Reconnaissance) des Tornados basiert auf dem Tornado IDS. Für die wichtigsten zusätzlichen Aufgaben wie Unterdrücken der gegnerischen Luftabwehr durch Stören und Vernichten sowie Bekämpfung der gegnerischen Befehls-, Lenkungs- und Kommunikationssysteme hat die Variante die erforderliche Zusatzausstattung. Neben einer umfangreichen elektronischen Ausstattung gehört dazu auch der speziell zur Bekämpfung von Radaranlagen entwickelte Flugkörper HARM.

Britischer ADV-Tornado mit Flugkörpern der Muster Sky Flash und Sidewinder

Tornado der Deutschen Marine

Phantom

Die F-4F Phantom II ist eines der erfolgreichsten Flugzeuge der Luftfahrtgeschichte. Es ist das meistgebaute Kampfflugzeug der Nachkriegszeit im Westen. Seine Entwicklung begann in den frühen 50er Jahren. 1954 gab die U.S. Navy den Auftrag für den Bau von zwei Prototypen unter der Bezeichnung XF4H-1 (F). Auftragnehmer war die in St. Louis beheimatete Firma McDonnell, die später mit Douglas vereinigt wurde und heute als McDonnell Aircraft and Missile Group zur Boeing Company gehört. Am 27. Mai 1958 machte das Muster seinen Erstflug und konnte

Das erste für Deutschland bestimmte Jagdflugzeug F-4F Phantom II (oben)

Letzte Startvorbereitungen

Vier deutsche, in den USA stationierte Phantom. Aus rechtlichen Gründen tragen sie amerikanische Hoheitszeichen

Die F-4 ist keine Schönheit, aber eine robuste Konstruktion mit aerodynamischen Vorzügen. Sie ist ein Zweisitzer mit zwei Triebwerken. Charakteristische Merkmale des Flugzeuges sind die gepfeilte Seitenflosse, die betont negative V-Stellung des Stabilisators, die 45-Grad-Pfeilung des Flügels und die positive V-Stellung der Flügelspitzen. Da die Phantom für den Einsatz auf Flugzeugträgern konzipiert wurde, verfügt sie über einen massiven Fanghaken.

Eine Phantom nähert sich dem Tankflugzeug zur Betankung im Flug

bald eine Reihe von Weltrekorden aufstellen. Die hervorragenden Leistungen der Phantom bewogen zusätzlich zur U.S. Navy sowohl die U.S. Air Force als auch das U.S. Marine Corps, diesen Flugzeugtyp einzuführen. Dieser Entscheidung schlossen sich zahlreiche Luftstreitkräfte in aller Welt an. Vom Grundmuster der F-4 wurden 14 verschiedene Varianten mit Untertypen abgeleitet, darunter auch die mit Rolls-Royce-Triebwerken ausgestatteten für Großbritannien. Weit über 5 000 Phantom wurden insgesamt gebaut. Das Flugzeug bewährte sich im Kampf vom Vietnam-Konflikt bis zum Golfkrieg. Noch heute stehen bei den Luftstreitkräften von neun Ländern über 900 Phantom im Dienst.

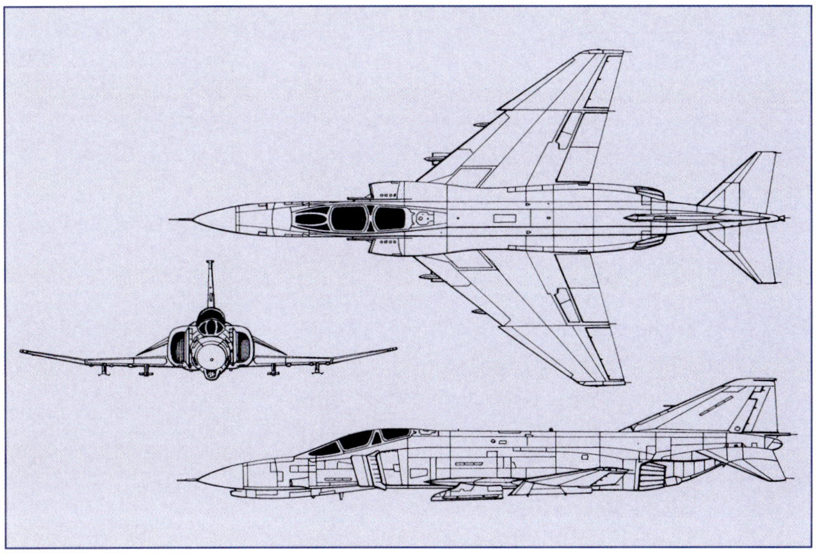

Drei Phantom bei der Erprobung der ICE-Maßnahmen in den USA

Spezialisten überprüfen das Radar der Phantom

Ihre Laufbahn bei der Luftwaffe begann die Phantom 1968. Damals waren es 88 Aufklärer der Version RF-4E, deren Beschaffung der Verteidigungsausschuss des Deutschen Bundestages im Oktober 1968 zustimmte. Mit diesem Muster wurden zwei Geschwader ausgerüstet. Mit Einnahme der neuen Luftwaffenstruktur wurden die RF-4E außer Dienst gestellt.

Für die Aufgabenstellung der 80er Jahre benötigte die Luftwaffe ein Ergänzungsflugzeug, das einen Teil der Fiat G.91 und Lockheed F-104G Starfighter ersetzen sollte. Der Rest sollte später durch den Tornado abgelöst werden. 175 Flugzeuge der eigens für Deutschland weiterentwickelten Version F-4F – eine der entscheidendsten Verbesserungen war der Vorflügel – wurden beschafft; produziert wurde mit bedeutsamen deutschen Zulieferungen in den USA. Als erstes Geschwader rüstete Anfang 1974 das Jagdgeschwader 71 (JG 71) „Richthofen" um, es folgten JG 74 „Mölders" und die Jagdbombergeschwader 35 und 36 (JaboG 35, 36). Im Laufe der Jahre wurden die F-4F der Luftwaffe durch zahlreiche Maßnahmen modernisiert

Phantoms rollen zum Start

und den Einsatzerfordernissen angepasst. Die Verbesserungen wurden mit den Programmen „Peace Rhine" (1976 bis 1983, Maßnahmen am Radar, Sidewinder) und der Kampfwertsteigerung ICE (Improved Combat Efficiency, 1986 bis 1996, neues Radar AN/APQ-65, Einführung AMRAAM, verbesserte Avionik- und Cockpitausstattung) vorgenommen. Heute werden die F-4F der Luftwaffe bei vier Jagdgeschwadern eingesetzt: JG 71 „Richthofen"

Über den Wolken

Aufmunitionieren der sechsläufigen Gatling-Kanone des Typs Vulcan

Technische Daten

Spannweite	11,70 m
Länge	19,20 m
Höhe	5,02 m
Flügelfläche	29,24 m^2
Leergewicht	13 895 kg
Max. Abfluggewicht	27 300 kg
Max. Geschwindigkeit	2 450 km/h
Antrieb	2 x General Electric (MTU) J79-17A mit 2 x 52,8 kN ohne und 79,6 kN mit Nachbrenner

Vom Einsatz zurück wird die Phantom in die Parkposition eingewiesen

in Wittmund, JG 72 „Westfalen" in Rheine, JG 73 „Steinhoff" (das frühere JaboG 35 aus Sobernheim wurde nach Laage in Mecklenburg-Vorpommern verlegt und wird dort als gemischter Verband mit MiG-29 betrieben) und das JG 74 „Mölders" in Neuburg. Nach derzeitiger Planung wird die Phantom bis zur Einführung des Eurofighters ab 2002 bis 2007 bei der Luftwaffe Dienst tun.

MiG-29

Die ersten Überlegungen für die MiG-29 aus dem berühmten Konstruktionsbüro Mikojan-Gurewitsch reichen bis 1972 zurück. 1974 wurde mit den Entwicklungsarbeiten begonnen, am 6. Oktober 1977 flog der erste von 19 Prototypen, und Ende 1977 entdeckten westliche Beobachter das Flugzeug zum ersten Mal auf Satellitenfotos. 1982 begann die Serienfertigung, 1985 der Einsatz. 1988, „Glasnost" hatte begonnen, war der erste große Auftritt vor den Augen der Welt bei der Luftfahrtschau in Farnborough. Die „Fulcrum", wie sie mit NATO-Namen hieß,

Zwei MiG-29 in den Farben und mit den Hoheitszeichen der ehemaligen DDR

war auf dem Wege, das moderne Standardflugzeug des Warschauer Paktes zu werden, sie wurde auch nach Indien, Kuba und Malaysia exportiert. Rund 1 000 MiG-29 wurden bisher gebaut. Von Mai 1988 bis Januar 1989 hatte die DDR 20 einsitzige und vier zweisitzige MiG-29 erhalten, die beim Jagdfliegergeschwader 3 „Wladimir Komarow" in Preschen eingesetzt wurden. Mit dem Tag der Wiedervereinigung übernahm die Luftwaffe die Flugzeuge. Nach anfänglicher Unentschlossenheit über das Schicksal der MiG-29 wurde 1991 mit einer intensiven technischen und taktischen Erprobung begonnen.

Heute sind die MiG-29 zusammen mit F-4F im Jagdgeschwader 73 „Steinhoff" in Laage eingesetzt. Sie werden dort Dienst tun, bis sie vom Eurofighter abgelöst werden. Auch die anfangs als problematisch angesehene Logistik ist gesichert. Die Umrüstung auf westliche Standards wurde von der MAPS (MiG Aircraft Product Support) durchgeführt, einem Joint Venture, an dem neben russischen Firmen die DaimlerChrysler Aerospace AG (Dasa, München) beteiligt ist. MAPS ist auch für die laufende Betreuung zuständig.

Kurz nach dem Start

Wartungsarbeiten an einer MiG-29 in einem Schutzbau

Technische Daten

Länge	17,32 m
Spannweite	11,36 m
Höhe	4,73 m
Max. Startgewicht	18 480 kg
Max. Geschwindigkeit	2 445 km/h
Dienstgipfelhöhe	18 000 m
Antrieb	2 x Klimow RD 33 mit je 49,2 kN ohne und 81,0 kN mit Nachbrenner

Eine zweisitzige MiG-29. Deutlich ist das Periskop für den hinten Sitzenden zu erkennen

Transall

Die Transportflieger der Luftwaffe nennen die Transall C-160 ihr „Arbeitspferd". In einem Buchtitel wird die Transall sogar als „Engel der Lüfte" bezeichnet. Und im täglichen Dienst spricht man kurz von der „Trall". Alle Bezeichnungen belegen aber eine gewisse Vertraulichkeit. Sie sind ein Zeichen dafür, wie dieses Transportflugzeug von den Soldaten angenommen ist, wie es von Besatzungen und Passagieren gleichermaßen geschätzt wird. So tritt die Transall als würdiger Nachfolger in die Fußstapfen anderer fliegender Legenden wie der Ju 52 oder der DC-3.

Bereits 1957 hatte man in Deutschland und Frankreich mit ersten Studien begonnen für ein Nachfolgemuster des von beiden Ländern genutzten französischen Transporters Noratlas. 1959 wurden von der Industrie die wesentlichen Merkmale des neuen Transporters festgelegt. 1960 folgte ein Regierungsvertrag, mit dem die Entwicklungsarbeiten für das künftige Flugzeug beschlossen wurden. Zum ersten Mal in der Geschichte des Flugzeugbaus wurde ein Flugzeug dieser Größenordnung von der Luftfahrtindustrie zweier Länder gemeinsam entwickelt und gebaut. Die damals beteiligten Firmen waren Nord und Sud Aviation auf französischer sowie Hamburger Flugzeugbau und Vereinigte Flugtechnische Werke auf deutscher Seite. Die deutschen Transall werden heute von der DaimlerChrysler Aerospace AG (Dasa, München) betreut.

Die 84 Transall der Luftwaffe befinden sich bei drei Lufttransportgeschwadern, LTG, die dem Lufttransportkommando in Münster unterstehen:

LTG 61,
Penzing bei Landsberg in Bayern
LTG 62,
Wunstorf bei Hannover in Niedersachsen
LTG 63,
Hohn bei Rendsburg in Schleswig-Holstein

Die erste Transall flog in Frankreich

Am 25. Februar 1963 startete die erste Transall (V1) in Melun-Villaroche zu ihrem Erstflug. Die V2 folgte am 25. Mai 1963 in Bremen, und am 19. Februar 1964 erhob sich der dritte Prototyp V3 in Hamburg in die Luft. Am 26. April 1968 hat die Luftwaffe die erste Transall übernommen. Das Muster soll bis 2010 im Einsatz bleiben. Weitere Nutzer der Transall sind Frankreich, die Türkei, Südafrika und Indonesien.

Transall des Lufttransportgeschwaders 63

Transall C-160 des Lufttransportgeschwaders 62 im Einsatz

Transall des Lufttransportgeschwaders 61 warten auf den Einsatz

Vor dem Flug finden gründliche Überprüfungen statt

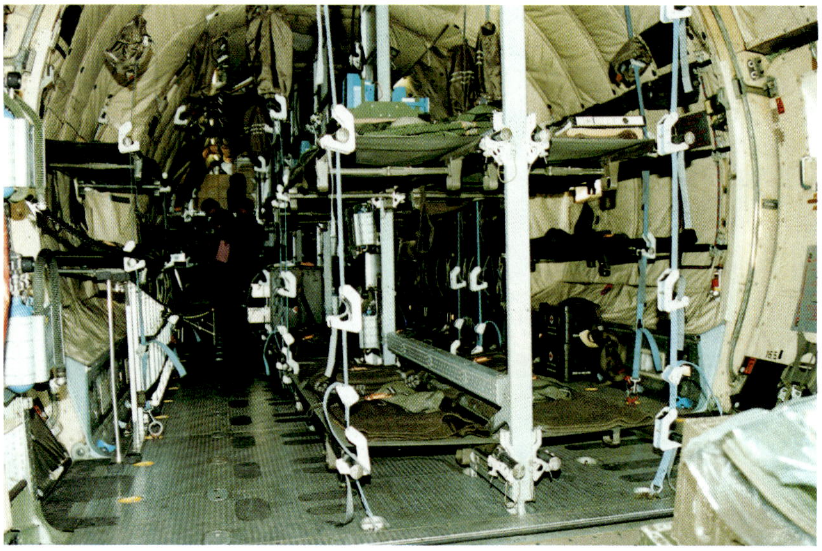

Zum Verwundetentransport werden Tragen eingebaut

Anlässlich eines Jubiläums wurde diese Transall mit einer Sonderbemalung versehen

Die Transall wurde als Kampfzonentransporter entwickelt, was besonders hohe Ansprüche an die Zuverlässigkeit und Robustheit stellte. Das Flugzeug ist ein zweimotoriger Schulterdecker. Der große, hindernisfreie Frachtraum kann über eine Heckrampe Fahrzeuge unterschiedlicher Größe, sperrige Ladung sowie Standard-Container aufnehmen. Sechs Rüstzustände sind für die Transall definiert: normaler Materialtransport, Absetzen von Lasten mittels Ausziehschirm oder Schwerkraft, Personentransport (bis zu 93 Fluggäste mit Gepäck), Fallschirmspringer-Transport (bis zu 61 Fallschirmspringer) und Verwundetentransport (bis zu 62 liegende Verwundete und deren Betreuer).

Die Transall verfügt über ein außergewöhnliches Fahrwerk. Damit kann sie auf fast jedem Untergrund operieren, d. h. auf provisorischen oder unvorbereiteten Gras-, Sand- oder Steinpisten. Mit dieser Eigenschaft empfiehlt sie sich besonders für den Einsatz bei Katastrophenfällen. Zwei leistungsstarke Propellerturbinen wirken auf die vierblättrigen Verstell-Luftschrauben, die größten, die weltweit im Einsatz sind. Das Flugzeug verfügt über eine Druckkabine und ein Wetterradar. Die Funk- und Navigationsausstattung ist für den vorgesehenen Einsatzzweck ausgelegt. Nach der

Absprung von Fallschirmjägern aus einer Transall

Im sogenannten Afrika-Verfahren werden Güter im Tiefstflug aus der Transall geworfen

Ausstattung mit der „Autonomen Navigations- und Flugregelanlage", ANA/FRA, ist eine bodenunabhängige Navigation in allen Höhen, bei jedem Wetter und zu jeder Tageszeit möglich. Die Besatzung besteht in der Regel aus zwei Transportflugzeugführeroffizieren, einem bordtechnischen Meister und einem Luftfahrzeugladungsmeister. Je nach Einsatzart können weitere Besatzungsmitglieder erforderlich werden.

Technische Daten

Flügelspannweite	40,00 m
Länge	32,40 m
Höhe	12,36 m
Flügelfläche	160,00 m^2
Max. Abfluggewicht	49 150 kg
Max. Nutzlast	16 000 kg
Max. Kraftstoffmenge	12 500 kg
Durchschnittliche Fluggeschwindigkeit	480 km/h
Max. Flughöhe	10 000 m
Antrieb	2 Rolls-Royce Tyne Mk 22 mit je 4 222 kW

Fallschirmjäger vor dem Besteigen der Transall

Transportflugzeuge der Luftwaffe sind von Beginn an bei humanitären Einsätzen beteiligt. Anfangs war es die Noratlas, dann folgte die Transall. Am 14. März 1973 starten zwei Transall zum bis dahin längsten Auslandseinsatz der Luftwaffe in Afrika. Bis zum Sommer 1974 werden hungernde Menschen in der Sahel-Zone versorgt. Auch das übrige Jahr 1974 ergibt eine lange Liste von Einsätzen bei Katastrophen, u. a. auch in Brasilien und Honduras. Solche Einsätze bleiben das tägliche Brot der Transporter bis zum heutigen Tag.

Daneben gibt es Einsätze für internationale Organisationen, vor allem die VN. 1974 werden VN-Truppen nach Ägypten geflogen, 1978 nach Israel. Mit dem Ende des Kalten

Das Emblem der Vereinten Nationen wird am Leitwerk angebracht

Verladen von Hilfsgütern

Krieges und mit den neuen Aufgaben der Bundeswehr nehmen diese Einsätze zu. Zum ersten Mal werden deutsche Truppen in ein Krisengebiet transportiert: Anfang 1991 werden Soldaten des Jagdbombergeschwaders 43 mit ihren Flugzeugen im Rahmen der Kuwait-Irak-Krise in die Türkei verlegt. Transall unterstützen den bis dahin größten Einsatz der Bundeswehr im Ausland, den VN-Einsatz in Somalia.

Die internationale Luftbrücke zur Versorgung der eingeschlossenen bosnischen Hauptstadt Sarajewo war die am längsten dauernde Luftbrücke der Geschichte. Sie begann am 3. Juli 1992, der erste Transall-Flug fand am 4. Juli 1992 statt. Am 9. Januar 1996 wurde die Luftbrücke wieder eingestellt. Zeitweilig waren 20 Nationen beteiligt, in manchen Phasen deckte die Luftbrücke bis zu 85 Prozent der Versorgung der Einwohner von Sarajewo. Während der Luftbrücke gab es zahlreiche

Vorfälle, u. a. den Abschuss eines italienischen Transportflugzeuges. Beim Beschuss einer deutschen Transall wurde ein Besatzungsmitglied verletzt. In einer Sofortmaßnahme wurden 24 Transall umgerüstet und erhielten zum Schutz der Besatzungen im Bereich Cockpit und vorderer Laderaum Kevlarmatten gegen Beschussschäden durch Handwaffen. Flugkörperwarner und Infrarot-Täuschkörper sowie Radarwarnempfänger und Radar-Täuschkörper wurden eingerüstet.

Transall C-160 des Lufttransportgeschwaders 63 in Äthiopien 1984

Beim Anflug auf Sarajewo legte die Besatzung Sauerstoffmasken, Splitterschutzwesten und Fallschirme an

Transall im deutschen Lager Belet Uen in Somalia

Nach dem Friedensschluss in Bosnien-Herzegowina standen sieben Transall in Penzing für IFOR/SFOR zur Verfügung.

Der letzte größere Hilfeeinsatz mit Transall fand vom 13. September bis 9. November 1998 statt. Im Rahmen der „Operation Lifeline Sudan" flogen zwei Transall rund 540 Tonnen Hilfsgüter in den Süden des vom Bürgerkrieg zerrissenen Landes.

Atlantic

Der erste Prototyp trägt noch die Kennzeichen, die vor der Umstellung von 1968 verwendet wurden

Der U-Bootjäger und Seeaufklärer (englische Bezeichnung MPA, Maritime Patrol Aircraft) Breguet BR1150 Atlantic geht auf eine Forderung der NATO aus dem Jahr 1958 zurück. Aus einer Vielzahl von Vorschlägen wurde der Entwurf der französischen Firma Breguet (heute Dassault Aviation) ausgewählt. 1959 wurden zwei Prototypen in Auftrag gegeben, von denen der erste am 21. Oktober 1961 flog. Von dem ursprünglichen NATO-Vorhaben waren nur noch Frankreich und Deutschland übriggeblieben, die 40 bzw. 20 Atlantic in Auftrag gaben. Später kamen noch die Niederlande mit neun und Italien mit 18 Flugzeugen dazu. Die Flugzeuge wurden von einem internationalen Konsortium mit deutschen, französischen, belgischen, niederländischen und italienischen Firmen gebaut. Auf deutscher Seite waren dies die Firmen Dornier und Siebel ATG. Die erste Serien-Atlantic landete am 26. Januar 1966 beim Marinefliegergeschwader 3 in Nordholz. 1970 trafen die letzten beiden Maschinen beim Geschwader ein.

SIGINT-Version der Atlantic

Die zweimotorige Atlantic ist ein Mitteldecker, dessen Rumpfquerschnitt einer Acht gleicht. Für die zwölfköpfige Besatzung, die

Einsätze bis zu 18 Stunden Dauer leisten muss, gibt es Ruheraum, Küche und Toilette. Als Sensoren verfügt die Atlantic über ein Radar, das aus dem Rumpf abgesenkt wird, einen MAD-Sensor in einem Sporn am Heck (MAD = Magnetic Anomaly Detection, womit z. B. der Magnetismus getauchter U-Boote entdeckt werden kann) sowie abwerfbare Sonar-Bojen. Als Waffen werden Torpedos und Wasserbomben mitgeführt. Fünf Atlantic wurden zu Spezialflugzeugen für die Fernmeldeaufklärung – SIGINT (Signal Intelligence) – umgerüstet. Nach einem Kampfwertsteigerungsprogramm in den 80er Jahren und der neuerlichen Ausstattung mit Elektronik und Software wird die Atlantic wahrscheinlich noch bis ins Jahr 2010 Dienst tun.

Technische Daten

Länge	31,75 m
Spannweite	36,30 m
Höhe	11,34 m
Flügelfläche	120,34 m^2
Leergewicht	34 600 kg
max. Abfluggewicht	43 500 kg
max. Geschwindigkeit	658 km/h
Reisegeschwindigkeit	556 km/h
Reichweite	7 677 km
Antrieb	2 x Rolls-Royce Tyne Mk.21 mit 2 x 4 144 kW

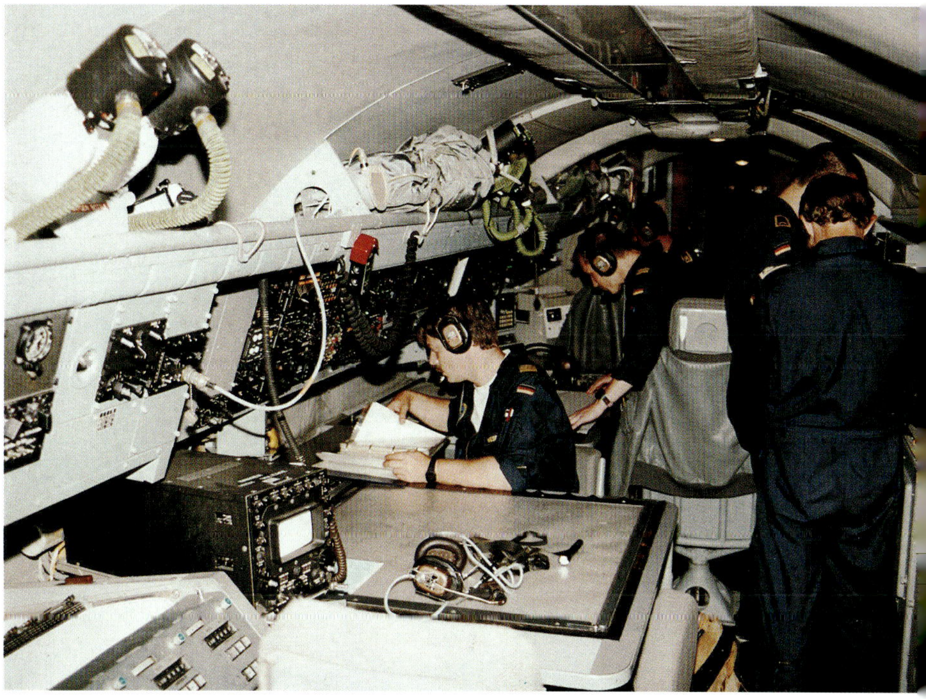

Im Cockpit (oben)

Auf Patrouille

Marinemanöver „RoRo 99".
Eine Atlantic wird mit U-Jagdtorpedos (Typ Mk46 Mod 2) beladen

Sidewinder

Die ersten Jagdflugzeuge der neuen Luftwaffe, die amerikanischen F-86, waren noch mit ungelenkten Raketen bewaffnet, die in Salven verschossen wurden. Mit der Einführung der F-104 „Starfighter" wurden Anfang der 60er Jahre erstmals auch Lenkflugkörper mit Infrarot-Sensor beschafft, die AIM-9B Sidewinder. Die US-Streitkräfte hatten bereits 1949 mit der Entwicklung dieses Flugkörpers begonnen.

Die Firma Bodenseewerk Gerätetechnik (BGT) bekam die Lizenz für den europäischen Nachbau und die Weiterentwicklung, zunächst der Versionen AIM-9B/FGM-MOD2, dann der AIM-9L und schließlich der weiter verbesserten Version AIM-9LI, die sich derzeit in einer Stückzahl von etwa 6 000 im Inventar von Luftwaffe und Marine befindet. Die AIM-9LI wird als Hauptbewaffnung von den Jagdflugzeugen F-4F und zum Selbstschutz

Technisches Personal wird in der Handhabung der AIM-9L Sidewinder geschult

von den Tornados eingesetzt. Der Lenkflugkörper ist für Einsätze über kurze Reichweiten (bis zu 9 km) ausgelegt. Er erfasst das gegnerische Flugzeug mit seinem Infrarot-Sensor als Punktziel, schaltet auf das Ziel auf („Lock-on") und verfolgt es bis zum Treffpunkt. Die Infrarotgesteuerte Waffe ist bei Tag und Nacht einsetzbar, bei schlechtem Wetter allerdings eingeschränkt.

Die Weiterentwicklung zur Version -9LI wurde erforderlich, weil es nach der deutschen Wiedervereinigung zu neuen Erkenntnissen über den technischen Stand der russischen Infrarot-Täuschkörper gekommen war. Die alte Sidewinder-Version (-9L) war in nur geringem Maße fähig, das zu bekämpfende Flugzeug von einem hochentwickelten Infrarot-Täuschkörper zu unterscheiden, so dass die Erfolgswahrscheinlichkeit im Luftkampf sehr gering war. Durch relativ einfache und kostengünstige Modifikationen der Sidewinder-Elektronik ist es der BGT gelungen, die Version -9LI zu entwickeln, um so eine einsatzfähige Übergangslösung zu schaffen, die sich auch von den modernen Täuschkörpern nicht irritieren lässt. Die Umrüstung der Sidewinder durch die Industrie hat Anfang der 90er Jahre begonnen und wird planmäßig weitergeführt. Die AIM-9LI ist bis zu ihrer Ablösung durch den neuen Flugkörper IRIS-T zweifellos eine gelungene Übergangslösung.

Jagdflugzeug F-4F Phantom des Jagdgeschwaders 74 „Mölders" mit Sidewinder

Historische Aufnahme aus dem Jahr 1960: amerikanische Soldaten bereiten auf Taiwan Sidewinder für den Einsatz vor

Technische Daten

Länge	2 872 mm
Durchmesser	127 mm
Gewicht	84 kg
Gefechtskopf-Gewicht	9 kg
Reichweite	9 km
Geschwindigkeit	Mach 3

Eine AIM-9M wird in den Waffenschacht einer F-22 geladen, des modernsten amerikanischen Jägers

Suchkopf der AIM-9LI

AMRAAM

AMRAAM-Erprobung in Point Mugu, USA

Der Eurofighter trägt vier AMRAAM an Rumpfstationen

Der radargelenkte Flugkörper des Typs AIM-120A AMRAAM (Advanced Medium Range Air-to-Air Missile) wurde ab Anfang 1996 mit 96 Exemplaren bei der Luftwaffe eingeführt. Damit wurde ein Luft/Luft-Lenkflugkörper beschafft, der die Bekämpfung von feindlichen Luftzielen auf mittlere Entfernung, Tag und Nacht, bei jeder Wettersituation und in einem Umfeld starker elektronischer Gegenmaßnahmen erlaubt. Die im Rahmen des „Peace Rhine"-Programms Ende der 80er Jahre umgerüsteten F4-F Phantom der deutschen Jagdgeschwader erhielten dadurch einen der Bedrohung entsprechenden Ausrüstungsstand. Auch für das zukünftige europäische Jagdflugzeug Eurofighter ist AMRAAM – möglicherweise in einer verbesserten Version – zunächst als Primärbewaffnung vorgesehen.

AMRAAM ist von der Hughes Aircraft Company Missiles Systems Group in Canoga Park, Arizona, USA, entwickelt worden. Die Weiterentwicklung und die Produktion des Flugkörpers und der dazugehörigen Peripheriegeräte

Eine amerikanische F-15 schießt AMRAAM

werden nunmehr von der Raytheon Missiles System Group in Bedford, Maryland, USA, durchgeführt. Der Flugkörper ist bei 16 weiteren Luftwaffen im Einsatz.

Mit dem hochmodernen aktiven Radarsuchkopf, der neuesten Digitaltechnologie und der Mikrominiaturisierung aller Bauteile ist AMRAAM im Hinblick auf Treffsicherheit, Zuverlässigkeit und Wartbarkeit bei relativ niedrigen Lebenslaufkosten von vergleichbaren Waffensystemen bisher weltweit unübertroffen. Sein raucharmes Raketentriebwerk reduziert die Möglichkeit, vom feindlichen Flugzeug während des Anfluges visuell entdeckt und abgewehrt zu werden.

Nach der Zündung des Triebwerkes wird der Flugkörper in der ersten Phase seines Fluges durch ein Trägheitsnavigationsverfahren auf ein vom Bordradar vermessenes Ziel gelenkt. Während des Fluges bekommt er die laufend verbesserten Zielkoordinaten vom Radar des abfeuernden Flugzeuges geliefert. In der Endphase des Angriffs übernimmt dann ein Radargerät an Bord des Flugkörpers völlig autonom die Lenkung bis zum Ziel.

Technische Daten

Reichweite	> 60 km
Durchmesser	178 mm
Radarsuchkopf	aktiv
Gewicht	158 kg
Länge	3 650 mm
Gefechtskopf	20 kg

Beladen einer F-4F während der Erprobung

Fertige AMRAAM verlassen das Werk

Maverick

Zwei Maverick unter dem Rumpf eines Tornado-Jagdbombers

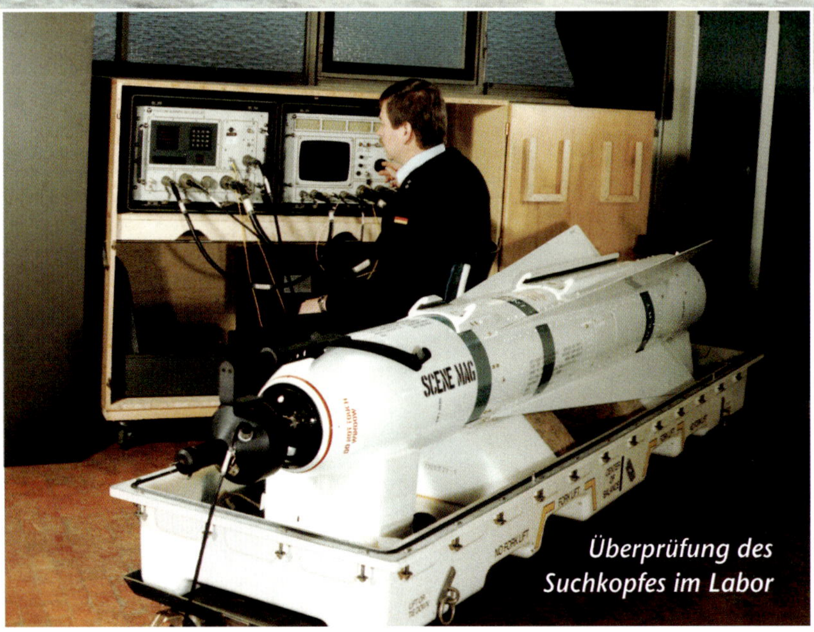

Überprüfung des Suchkopfes im Labor

Maverick-Übungsflugkörper

Die Luftwaffe hat von 1984 bis 1988 den von der Firma Hughes Aircraft Company Missiles System Group in Canoga Park, Arizona, entwickelten Luft/Boden-Lenkflugkörper AGM-65B Maverick-B eingeführt (860 Flugkörper und 20 Übungsflugkörper). Mit dieser Waffe sind die kampfwertgesteigerten Jagdbomber F-4F Phantom von zwei Geschwadern ausgerüstet worden.

Der Flugkörper Maverick wird durch einen Suchkopf, der mit einer Schwarz-Weiß-Fernsehkamera ausgerüstet ist, in das Ziel gelenkt. Primärziele (Punktziele) sind insbesondere gehärtete Infrastrukturanlagen, Kampfpanzer und Luftverteidigungsstellungen.

Für den Einsatz der Maverick-B sind Sichtverbindung zum Ziel und ein ausreichender Kontrast zwischen dem Ziel und dessen Umgebung erforderlich. Das bedeutet, dass die Waffe nur bei Tag und bei relativ gutem Wetter eingesetzt werden kann. Das von der Fernsehkamera des Flugkörpers aufgenommene Bild wird zu den Bildschirmen sowohl des Flugzeugführers als auch des Waffensystemoffiziers weitergeleitet. Wenn der Flugkörper mit dem

Eine F-4F Phantom wird mit einem Flugkörper Maverick beladen

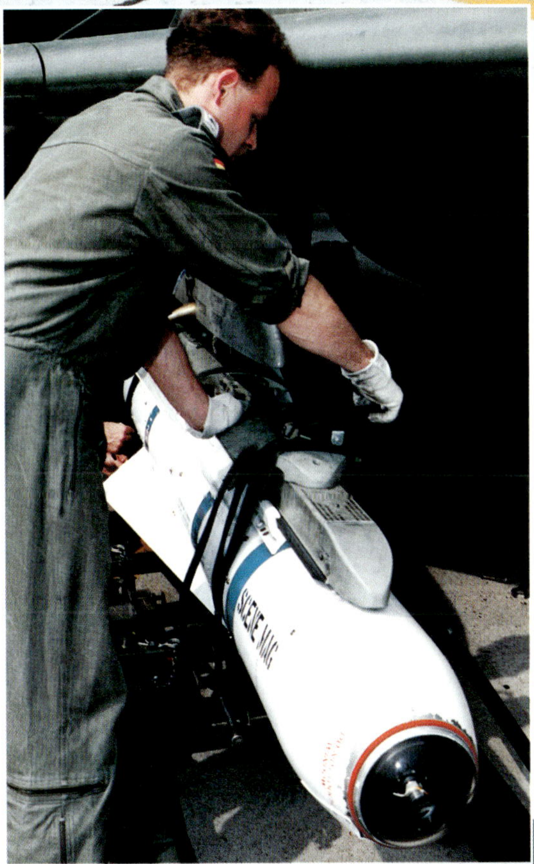

Ziel Kontakt bekommen hat („Lock-on"), kann er gestartet werden und fliegt dann – bei aufrechterhaltenem Lock-on –, ohne dass die Flugzeugbesatzung das weitere Geschehen beeinflussen kann, das Ziel mit hoher Unterschallgeschwindigkeit an. Auch bewegliche Ziele können so von der Waffe getroffen werden. Das Flugzeug kann sofort abdrehen und sich so aus dem Wirkungsbereich der bodengestützten feindlichen Flugabwehr halten. Die Reichweite des Flugkörpers beträgt – je nach Sichtverhältnissen – bis zu 13 km.

Die Maverick-B hat ein Feststofftriebwerk und einen Hohlladungsgefechtskopf. Er ist in einer „All-Up-Round"-Konfiguration vom Hersteller ausgeliefert worden. Das bedeutet, dass bei der Truppe der zusammengebaute Flugkörper in speziellen Behältern lagert und sofort nach Entnahme eingesetzt werden kann.

Technische Daten

Länge	2 490 mm
Durchmesser	305 mm
Gewicht	210 kg
Gefechtskopfgewicht	57 kg
Suchkopf	TV
Reichweite	13 km

HARM

Technische Daten	
Länge	4170 mm
Durchmesser	250 mm
Gewicht	360 kg
Gefechtskopfgewicht	65 kg
Reichweite	130 km
Geschwindigkeit	> Mach 2

Die Luftwaffe und die Deutsche Marine haben ab 1988 1 000 Lenkflugkörper AGM-88 HARM (High-speed Anti-Radiation Missile) beschafft. Der Typ war ab 1982 in einem gemeinsamen Programm von der U.S. Navy und U.S. Air Force entwickelt worden. Das Flugkörper-System wurde von der Firma Texas Instruments, Lewisville, Texas, produziert, die heute zur Raytheon Defense Company gehört. Bei der Luftwaffe sind die Tornados der ECR-Version (Electronic Combat

Der Tornado kann bis zu vier HARM mitführen

ECR-Tornado des Jagdbombergeschwaders 32 im Einsatz beim Einsatzgeschwader 1 im italienischen Piacenza

Reconnaissance) des Jagdbombergeschwaders 32 mit HARM ausgerüstet.

Die Hauptaufgabe von HARM ist die Unterdrückung und die Zerstörung von Radaranlagen der bodengestützten feindlichen Luftverteidigung und von radargesteuerten Flugabwehrkanonen.

HARM hat die folgenden Einsatzarten:

- In der Präventiv-Taktik wird der Lenkflugkörper abgefeuert, ohne dass vorher eine Zielaufschaltung („Lock-on") möglich war. Die Zielfindung wird durch die Eingabe von Zieldaten vor dem Start sichergestellt.
- Das Trägerflugzeug ist so ausgerüstet, dass es den HARM-Lenkflugkörper vor dem Abfeuern als Zielsuchsensor verwenden kann. Anzeigen im Cockpit ermöglichen es der Besatzung, geeignete Ziele auszuwählen. Wenn die Besatzung mit der Zielauswahl zufrieden ist, wird der Lenkflugkörper gestartet. Er fliegt das Ziel ohne weitere Beeinflussung durch die Flugzeugbesatzung an, macht erforderliche Kurskorrekturen und zerstört die Radaranlage.
- In der Selbstschutz-Taktik bieten Radarwarnempfänger im Flugzeug zusätzliche Möglichkeiten zur Lokalisierung von feindlichen Radarstellungen.

Durch seine Reichweite (bis zu 130 km) ist HARM eine echte Abstandswaffe, die sicherstellt, dass sich das angreifende Flugzeug weitgehend aus dem Bereich der feindlichen Luftverteidigung halten kann.

Jeweils zwei HARM sind in einem Behälter als „Certified Round" zusammengebaut und einsatzbereit gelagert. Dieses Konzept dient der wartungsfreien Langzeitlagerung und stellt eine hohe Lebenslaufzuverlässigkeit sicher.

Der Lenkflugkörper HARM ist bereits mehrfach in Konflikten eingesetzt worden: Nach dem Einsatz durch amerikanische Luftstreitkräfte gegen Libyen (1986) und im Golfkrieg (1991) haben (1999) erstmals auch deutsche ECR-Tornados mit HARM Angriffe gegen serbische Luftverteidigungsstellungen geflogen.

HARM wurde noch für die Szenarien des Kalten Krieges entwickelt und ist heute nicht mehr uneingeschränkt einsatztauglich. In komplexen Kampfsituationen, in denen es beispielsweise darauf ankommt, Kollateralschäden zu vermeiden oder eigene Truppen, die in der Nähe sind, nicht zu gefährden, ist der Einsatz der HARM praktisch nicht mehr möglich. Deutschland und Italien werden sich daher in den kommenden Jahren an einem HARM-Verbesserungsprogramm (HARM Precision Navigation Upgrade, HARM PNU) beteiligen, das von den USA angeboten wurde.

Flugerprobung der HARM auf einem Tornado

Erprobung im scharfen Schuss

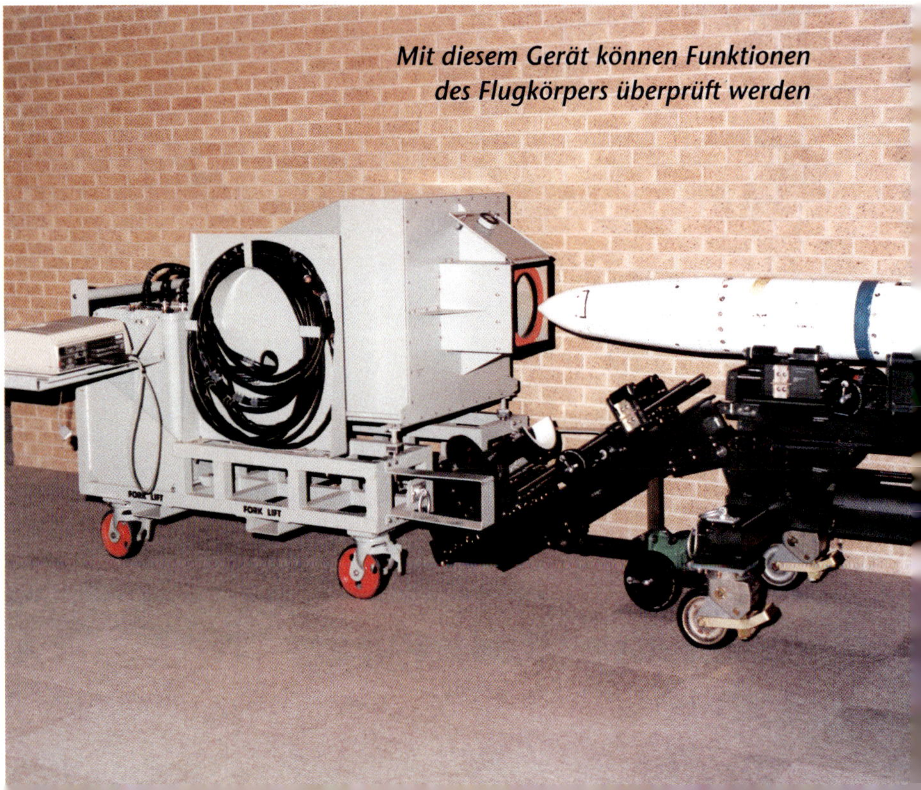

Mit diesem Gerät können Funktionen des Flugkörpers überprüft werden

Kormoran

Kormoran 1 wird im scharfen Schuss erprobt

Ein Erprobungsmuster des Kormoran 2 unter der Tragfläche eines Tornados der Wehrtechnischen Dienststelle 61

Kormoran ist ein gelenktes Flugkörpersystem, das – vom Flugzeug aus gestartet – Seeziele aus Entfernungen bekämpft, die außerhalb der Abwehrmöglichkeiten der Ziele liegen. Die ersten Überlegungen für dieses System reichen bis in das Jahr 1962 zurück. 1967 wurde MBB, Vorläufer der DaimlerChrysler Aerospace AG (Dasa, München), mit der Entwicklung beauftragt. Im Dezember 1977 konnten die ersten Serien-Flugkörper an die Marine übergeben werden. Die bei den beiden Marinefliegergeschwadern 1 und 2 eingesetzten Jagdbomber F-104G Starfighter wurden mit dem Seezielflugkörper ausgestattet. Kormoran soll Schiffsziele über 1 000 t bekämpfen. Er wird aus niedriger Höhe abgefeuert und nähert sich dem Ziel im Tiefstflug. Durch seine Lenkung, die aus einer autonomen Trägheitsplattform für die Vorlenkphase und einem aktiven Radarzielsuchkopf für den Endanflug besteht, ist er allwetterfähig. Sein Suchkopf ist gegen elektronische Störmaßnahmen resistent. Der Gefechtskopf durchschlägt die Schiffswand und detoniert zeitverzögert im Innern des Schiffes.

Kormoran 1 an der Tragfläche einer F-104G Starfighter

Ein Tornado kann mit bis zu vier Kormoran ausgerüstet werden

Nach der Ausmusterung der Starfighter wird Kormoran von den Tornados der Marineflieger eingesetzt. Neben Deutschland ist auch Italien Nutzer der Kormoran. Für die Deutsche Marine wurde eine Weiterentwicklung zum Kormoran 2 durchgeführt. Diese Version weist in einigen Bereichen deutlich bessere Leistungen auf. Sie hat u. a. eine verbesserte Zielauffassung, ist noch besser gegen elektronische Maßnahmen geschützt und hat eine größere Reichweite. Am 15. Mai 1997 hat die Deutsche Marine den 124. und letzten Kormoran 2 übernommen.

Technische Daten

Länge	4 400 mm
Durchmesser	344 mm
Spannweite	1 000 mm
Masse	600 kg (Kormoran 2: 630 kg)
Gefechtskopfmasse	160 kg (Kormoran 2: 235 kg)
Reichweite	> 30 km

Soldaten des Marinefliegergeschwaders 2 beladen im Rahmen der Übung DESEX '95 auf dem U.S.-Navy-Stützpunkt Roosevelt-Roads auf Puerto Rico einen Tornado mit Kormoran 1

Ausstellung des Kormoran 2 durch die LFK-Lenkflugkörpersysteme GmbH auf der ILA 1998 in Berlin

Patriot

Das Flugabwehrraketenwaffensystem Patriot ist ein System der 3. Generation und dient der Abwehr von Flugzielen in niedrigen bis sehr großen Flughöhen. Es ist das leistungsstärkste Flugabwehrsystem des Westens, das in mehreren Ländern im Einsatz ist. Durch die Verwendung moderner Technologien wird ein Höchstmaß an Feuerkraft und Einsatzbereitschaft sowie Allwetterfähigkeit erreicht. Im Golfkrieg wurde es zum Schutz Israels und der alliierten Truppen eingesetzt.

Das Patriot-System zeichnet sich vor allem durch seine Fähigkeit aus, mehrere Flugzeuge gleichzeitig bekämpfen zu können, auch wenn diese elektronische Gegenmaßnahmen einsetzen. Patriot ist in begrenztem Umfang

Herausforderung und unvergessliches Ereignis für die Patriot-Soldaten ist die Teilnahme an der Übung „Roving Sands" in Texas und New Mexico. Ein Startgerät wird beladen

Deutsche Flugabwehrsoldaten werden in den USA auch durch Amerikaner ausgebildet

auch in der Lage, taktisch-ballistische Flugkörper zu bekämpfen. Alle Teilsysteme befinden sich auf voll geländegängigen Standardfahrzeugen der Bundeswehr, so dass bei taktischen Verlegungen eine hohe Mobilität gegeben ist. In der NATO-Luftverteidigung wird Patriot in der Regel im Verbund mit Hawk und Roland in gemischten FlaRak-Einsatzzonen (sogenannten Clustern) eingesetzt. Die Luftwaffe hat 36 mit Patriot ausgerüstete Staffeln, die ab 1986 ausgestattet wurden. Entwickelt wurde das System von der amerikanischen Firma Raytheon für die U.S. Army und deren Bedürfnisse im mobilen weltweiten Einsatz. Durch Siemens und AEG-Telefunken wurden die erforderlichen Anpassungen an nationale Forderungen, Vorschriften und Bestimmungen vorgenommen. Diese Bereiche von Siemens und AEG-Telefunken gehören heute zur DaimlerChrysler Aerospace AG (Dasa, München), wo heute die Betreuung des Systems erfolgt.

Das Patriot-Multifunktionsradar getarnt und einsatzbereit

Ein amerikanisches Patriot-Startgerät

Das Patriot-Startgerät auf einem vierachsigen Lastwagen, Bediener richten es ein

Die Kampfführungszentrale einer Patriot-Staffel ist der Feuerleitstand. Er enthält zwei Bedienerkonsolen, Rechner sowie Daten- und Sprechverbindungsgeräte. Dies alles befindet sich in einer Kabine auf einem Lastwagen. Das phasengesteuerte Multifunktionsradar ist der einzige Sensor im Waffensystem Patriot. Das Radar ist auch auf einem Lastwagen montiert und wird während der Fahrt in die Waagerechte geklappt. Für den Einsatz wird es fest in die Hauptkampfrichtung gerichtet. Das Radar führt die Funktionen Suchen, Erfassen, Identifizieren, Verfolgen und Zielbeleuchten gleichzeitig aus. Für Feuerleitstand und Radar gibt es eine Stromversorgungsanlage mit zwei Generatoren.

Das Fahrzeug mit dem Radargerät ist schon aufgebockt, die Antenne ist noch in der Transportstellung. Bediener beim Einrichten der Antenne

Montage der Patriot-Antenne beim Hersteller Raytheon

In der Feuerleitanlage

Das Startgerät ist eine in sich geschlossene und ferngesteuerte Einheit auf einem Lastwagen. Es besteht aus dem eigentlichen Startgerät mit vier Lenkflugkörpern, der eigenen Stromversorgung und der Startgeräteelektronik. Bis zu acht Startgeräte können von einem Feuerleitstand geführt werden.

Die Lenkflugkörper befinden sich in versiegelten Behältern, die als Lager-, Transport- und Abschussbehälter dienen. Der Flugkörper besteht aus den Baugruppen

- Radomteil mit Zielsuchkopf,
- Lenkeinheit,
- Gefechtskopfteil mit Sprengkopf, Schärf- und Zündeinrichtungen,
- Antriebsteil mit einstufigem Feststofftriebwerk und
- Steuerteil mit Hydraulikpumpe und Stellwerk.

Der Flugkörper hat beim Start bereits Informationen, die ihn auf die vorgesehene Flugbahn einschwenken lassen. Innerhalb weniger Sekunden muss er vom Radargerät erfasst werden, damit seine Flugdaten und die Daten des Zieles zu Lenkbefehlen umgerechnet werden können. In der Endanflugphase wird zusätzlich das sogenannte „Track via Missile" (TVM)-Verfahren angewandt. Hierbei beleuchtet das Radargerät das Flugziel, damit die Zielsuchköpfe im Radomteil des Flugkörpers auf die reflektierte Energie aufschalten können. Durch Korrekturen wird eine direkte Flugbahn zum Treffpunkt ermöglicht. Das Ziel wird durch direkten Treffer oder durch Auslösen des Sprengkopfes mittels eines Radarannäherungszünders zerstört.

Bei der COMLOG Gesellschaft für Logistik GmbH, einem Tochterunternehmen von Raytheon und der DaimlerChrysler Aerospace AG (Dasa, München) werden Patriot-Lenkflugkörpersysteme zusammengebaut

Hawk

Das Flugabwehrraketen-Waffensystem Hawk wurde Anfang der 50er Jahre für die U.S. Army entwickelt. Es ist ein halbaktives, radargesteuertes System, das allwetterfähig und voll beweglich ist und Flugziele in mittlerer Reichweite bis in Flughöhen bis etwa 15 000 m bekämpfen kann. Die Einführung von Hawk in die Luftwaffe begann 1963. Zusammen mit den Hawk-Verbänden der Partner wurde ein wirksamer Sperrgürtel gegen tief und schnell fliegende Flugzeuge in Europa gebildet. Heute wird Hawk zusammen mit den anderen Flugabwehrsystemen in sogenannten Clustern eingesetzt. Über die lange Nutzungszeit wurde das Waffensystem Hawk durch verschiedene Programme weiterentwickelt und der jeweiligen Bedrohung angepasst. Es wird derzeit im Rüstzustand „Product Improvement Program II – PIP II" betrieben. Die Luftwaffe verfügt über sechs Flugabwehrraketen-Gruppen Hawk, die nach derzeitigem Planungsstand bis 2005/2007 im Einsatz verbleiben werden.

Die Flugabwehrraketen-Staffel Hawk besteht aus zwei gleichartig aufgebauten Abschussgruppen und einem Feuerleitbereich, dessen Geräteausstattung die Teilung in autonome Feuereinheiten (Halbstaffeln) erlaubt. Zur Flugzielerfassung stehen zwei verschiedene Erfassungsradargeräte zur Verfügung.

Typische Hawk-Stellung. Die Starter befinden sich unter dem Wetterschutz

Abschuss eines Hawk-Flugkörpers auf dem NATO-Schießplatz auf Kreta

Das Be- und Entladen von Flugkörpern gehört zu den wichtigen Ausbildungsabschnitten, ob in der Heimat-Stellung ...

Technische Daten	
Länge	5,03 m
Spannweite	1,21 m
Durchmesser	0,36 m
Gewicht	635 kg
Geschwindigkeit	Mach 3
Reichweite	bis 42 km

Mit zwei Gerätesätzen können Flugziele identifiziert werden. Eine Zielbewertung und Bedrohungsanalyse findet in der Lage- und Auswertezentrale und in der Feuerleitanlage statt. Für die Bekämpfung des als feindlich erkannten Ziels kann der Feuerleitoffizier der Staffel auf 18 Flugkörper zurückgreifen, von denen jeweils drei auf den Startgeräten feuerbereit sind.

... oder bei der großen internationalen Luftverteidigungsübung „Roving Sands '96" ...

... oder bei „Roving Sands '99"

Schiffe und Boote der Marine

Inhalt

GORCH FOCK

Die GORCH FOCK unter Segel

Die GORCH FOCK verkörpert das weltweit bekannteste Schiff der Deutschen Marine. Als „Botschafter in Blau" hatte das Segelschulschiff bis zu seinem 40-jährigen Jubiläum (1958 bei Blohm+Voss in Hamburg gebaut) der Indienststellung im Dezember 1998 über 590 000 Seemeilen – das sind 27 Weltumrundungen – zurückgelegt. Dabei hat das Schiff 116 Auslandsausbildungsreisen absolviert, und über 11 000 Offizier- und Unteroffizieranwärter haben auf dem Großsegler ihre seemännische Grundausbildung erhalten.

Trotz modernster Technik in der Marine sind Ausbildung und Erziehung auf einem Segelschulschiff von unverzichtbarem Wert und von herausragender Bedeutung für die zukünftigen Vorgesetzten in der Marine. Nirgendwo sonst wird die menschliche Abhängigkeit voneinander und von den Naturgewalten so deutlich erfahren, wie hoch oben in den Rahen der GORCH FOCK bei einer nächtlichen Sturmfahrt.

Seemannschaft, die berufsspezifische Grundlage der Seefahrt, kann nur ein von Wetter und Wind abhängiges Segelschiff hautnah und glaubhaft vermitteln. Die Enge und der Mangel an Komfort an Bord eines Seglers erziehen zur Kameradschaft, Rücksichtnahme und Selbstdisziplin, fördern den Teamgeist und formen den Charakter – Eigenschaften und Voraussetzungen, die für den späteren Dienst auf hochtechnisierten Booten und Schiffen der Marine unerlässlich sind.

Die GORCH FOCK ist eine Bark, d. h. Fockbzw. Vor- und Großmast sind rahgetakelt, während der Besanmast Schratsegel führt. Die Bramstengen der beiden vorderen Masten sind zum Fieren eingerichtet, um u. a. das Durchfahren der Brücken des Nord-Ostsee-Kanals zu er-

Besegelung

Stagsegel

1 Vorstengestagsegel
2 Innenklüver
3 Außenklüver
4 Jager

Rahsegel

5 Focksegel
6 Voruntermars
7 Vorobermars
8 Vorbram
9 Vorroyal
10 Großstengestagsegel
11 Großbramstagsegel
12 Großroyalstagsegel
13 Großsegel

möglichen. Das Segelschiff besitzt auch eine Maschinenanlage mit Dieselmotoren, die bei Windstille das Schiff antreiben. Insgesamt ist die GORCH FOCK nach modernsten Sicherheitsbestimmungen und Fertigungsmethoden gebaut worden. Die hohen Sicherheitsanforderungen betrafen vor allem die Anfangsstabilität und die Hebelarmkurve, die selbst bei einer Neigung des Seglers von 90 Grad ein aufrichtendes Moment fordert.

Schiffsdaten	
Länge (ohne Bugspriet)	81,26 m
Länge über Bugspriet	89,32 m
Höhe Fock- und Großmast	45,30 m
Höhe Besanmast	40,00 m
Tiefgang	5,25 m
Breite	12,00 m
Verdrängung	1 760 t
Segelfläche	ca. 2 000 m²

Segelsetzen zum Auslaufen

14 Großuntermars
15 Großobermars
16 Großbram
17 Großroyal
18 Besanstagsegel
19 Besanstengestagsegel
20 Besanstengestagsegel
Gaffelsegel
21 Unterer Besan
22 Oberer Besan
23 Besantoppsegel

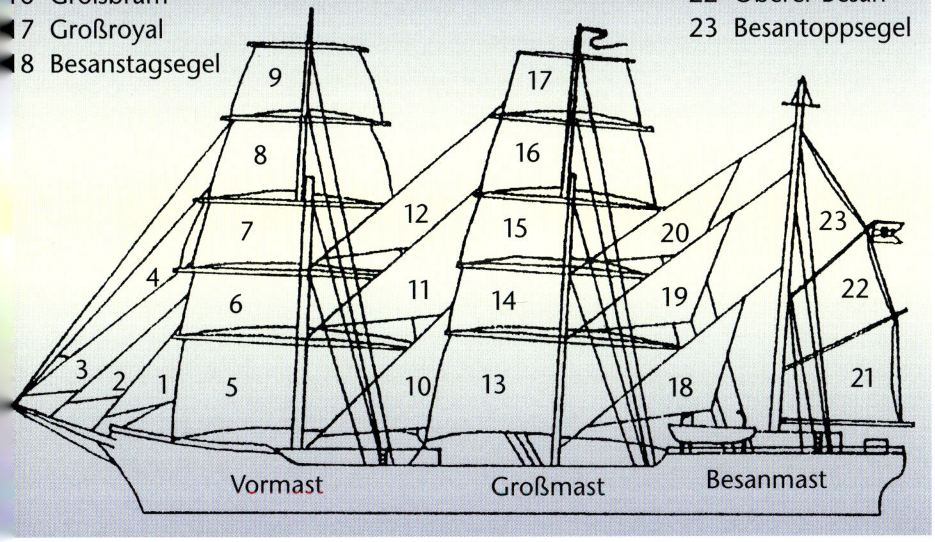

Fregatte 122

Fregatte LÜBECK auf Verlegungsfahrt

Der Bordhubschrauber wird an Deck gesichert

Schiffsdaten

Länge	130 m
Breite	14,5 m
Tiefgang	6,5 m
Einsatzverdrängung	ca. 3800 t
Geschwindigkeit	ca. 30 kn
Hubschrauber	2 Westland Sea Lynx Mk 88
Antrieb	2 Dieselmotoren (MTU) mit 8140 kW 2 Gasturbinen mit 38 000 kW
Besatzung	218

Bewaffnung

- 1 x Geschütz, vollautomatisch OTO Melara 76 mm
- 2 x Maschinenkanonen (Rheinmetall) 20 mm
- Harpoon, Sea Sparrow und RAM-Flugkörper
- 2 x U-Jagd-Torpedorohre (Honeywell)
- Täuschkörperraketenwerfer SRBOC

Sensoren

- 3D-Überwachungsradar TRS-3D (Signaal)
- 2D-Überwachungsradar WM 25 (Signaal)
- 2 Feuerleitanlagen STIR (Signaal)
- 1 Navigationsradaranlage Nucleus
- 1 U-Jagd-Sonar DSQS 21BZ (Atlas Elektronik)
- Anlage zur elektronischen Kampfführung FL 1800 II (Dasa)

Die Fregatten der Klasse 122 – gebaut von den Werften Blohm+Voss, Thyssen Nordseewerke, Howaldtswerke, Bremer Vulkan – weisen ein ähnliches Leistungsprofil wie die Klasse 123 auf. Auch sie haben die Fähigkeit, sich unter Mehrfachbedrohung (Überwasser, Unterwasser, Luft) durchzusetzen. Ihre Hauptaufgabe liegt in der U-Jagd. Dabei werden vorrangig die beiden Bordhubschrauber Sea Lynx eingesetzt, die mit ihrem Dipping-Sonar U-Boote orten und mit Torpedos auch bekämpfen können. In der Deutschen Marine gibt es folgende acht Fregatten 122:

F 207 **BREMEN**
F 208 **NIEDERSACHSEN**
F 209 **RHEINLAND-PFALZ**
F 210 **EMDEN**
F 211 **KÖLN**
F 212 **KARLSRUHE**
F 213 **AUGSBURG**
F 214 **LÜBECK**

Die RHEINLAND-PFALZ verlässt Wilhelmshaven

Bordhubschrauber im Anflug

Fregatte 122 in See

Bordhubschrauber Sea Lynx Mk 88

Der Bordhubschrauber Sea Lynx ist in der Deutschen Marine seit 1981 eingeführt. Er zählt zu den Hauptsensoren der Fregatte, die zwei Hubschrauber und 18 Mann fliegendes und technisches Personal besitzt. Ausrüstung und Bewaffnung des Hubschraubers sind auf seine Rolle für die U-Jagd ausgelegt. In dieser Rolle ist der Hubschrauber der verlängerte Arm des Schiffes, denn er steigert die Fähigkeiten der Fregatte durch seine Geschwindigkeit, Reichweite und Einsatzflexibilität. Der Sea Lynx ist mit einem tiefen-variablen Sonar für aktive und passive Ortung sowie mit zwei Torpedos zur U-Boot-Bekämpfung ausgerüstet. Zu seinen Nebenaufgaben gehören Material- und Personentransport sowie der Search and Rescue (SAR)-Dienst innerhalb eines Schiffsverbandes.

Hubschrauber-Daten	
Rotordurchmesser	12,8 m
Leistung	1 600 kW
Geschwindigkeit	125 kn
Besatzung	3
Bewaffnung	2 x U-Jagd-Torpedos

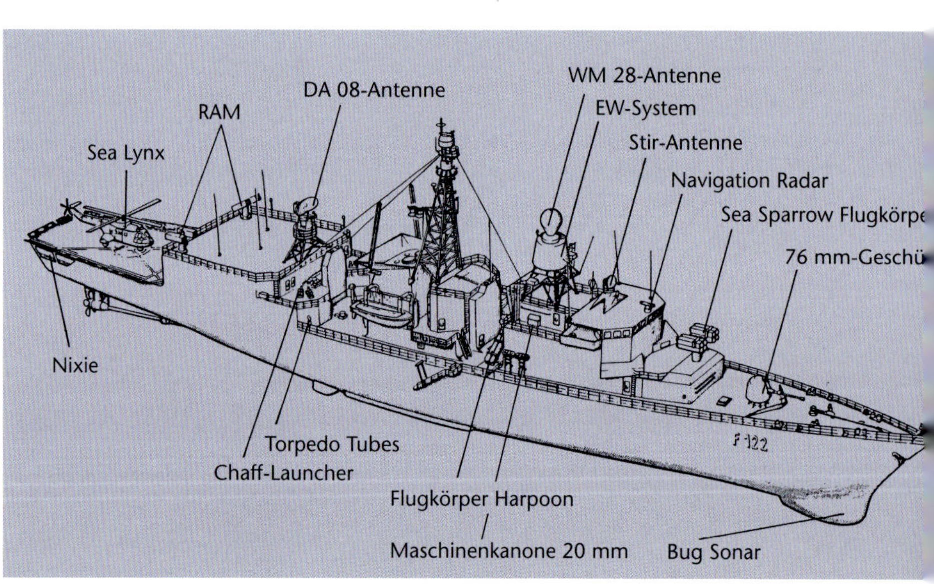

Bewaffnung und Sensoren der Fregatte 122

76 mm-Geschütz

Das vollautomatische Geschütz OTO Melara (Einzel-Turm-Lafette) ist eine Vielzweckwaffe, denn es wird in der Luftabwehr und im Überwassergefecht eingesetzt.

Leistungsmerkmale	
Reichweite	ca. 16 000 m
Gipfelhöhe	ca. 11 800 m
max. Kadenz	85 Schuss/min
Mündungsgeschwindigkeit	925 m/s
Vorladung	80 Schuss
Bedienung	3 Mann

Harpoon

Zur Bekämpfung von Überwassereinheiten ist die Fregatte 122 mit dem Flugkörpersystem Harpoon (Boeing) ausgerüstet. Das Gesamtgewicht des Flugkörpers mit Kanister beträgt 628 kg bei einer Länge von 4,57 m, einem Durchmesser von 34,2 cm und einer Spannweite von 91,4 cm. Der Kanister dient gleichzeitig als Lager-, Transport- und Abfeuerbehälter. Nach dem Abfeuern erreicht der Flugkörper zunächst eine Gipfelhöhe von ca. 750 m und sinkt dann auf seine Marschflughöhe als Seaskimmer mit einer Reichweite von ca. 75 Seemeilen. Der Anflug ins Ziel erlaubt das Passieren von mehreren geographisch festgelegten Wegpunkten mit entsprechenden Kursänderungen von jeweils bis zu 135 Grad. Damit kann ein Ziel aus unterschiedlichen Richtungen angeflogen werden.

NATO Sea Sparrow Missile System (NSSMS) an Bord einer F 122

Fregatte 123

Die Fregatten der Klasse 123
vor Wilhelmshaven: Im Bild die Fregatte F 216
SCHLESWIG-HOLSTEIN

Abschied beim Auslaufen in Wilhelmshaven

Zur Zeit der Segelschiffe stellte die Fregatte ein Kriegsschiff mit einem durchlaufenden Deck dar. Das Schiff war so groß, dass es selbständig kreuzen und Seekrieg führen konnte. Ab 1943 bezeichnete die britische Admiralität Geleitschiffe zur U-Boot-Bekämpfung als Fregatten. Heute ist der Schiffstyp „Fregatte" ein vielseitiges, bewährtes und umfassend einsetzbares Seekriegsmittel, das für die meisten Marinen der Welt das Rückgrat ihrer Flotte bildet. Die multinationalen STANDING NAVAL FORCES der NATO setzen sich beispielsweise überwiegend aus Fregatten zusammen.

Die Deutsche Marine besitzt vier Fregatten der Klasse 123, die vom Werften-Konsortium F 123 (Thyssen Nordseewerke, Blohm + Voss, Howaldtswerke-Deutsche Werft AG) gebaut wurden:

F 215 BRANDENBURG
F 216 SCHLESWIG-HOLSTEIN
F 217 BAYERN
F 218 MECKLENBURG-VORPOMMERN

Fregatten eignen sich zur anhaltenden Operationsführung unter Mehrfachbedrohung, denn ihre vielfältige Bewaffnung mit bordgestützten Hubschraubern befähigen sie, im dreidimensionalen Seegefecht (Überwasser-, Unterwasser- und Luftabwehr) zu bestehen. Die Fregatte Klasse 123 ist in ihrer Hauptaufgabe für die U-Bootjagd vorgesehen. Hierzu dienen vor allem zwei Bordhubschrauber Sea Lynx. Daneben kann die Fregatte auch zur Seezielbekämpfung und in der Abwehr von Luftzielen im Eigenschutz eingesetzt werden. Das Schiff verfügt über leistungsfähige Radaranlagen zur See- und Luftraumüberwachung, zur Navigation sowie zur Feuerleitung. Sonar, LINK-11-Informationsübertragung, Anlagen zur elektronischen Kampfführung sowie eine hochmoderne Fernmeldeausstattung, die sich auch zur Verbandsführung eignet, vervollständigen die Ausrüstung.

Auslaufen des Schiffes in Wilhelmshaven

Schiffsdaten	
Länge	138,85 m
Breite	16,60 m
Tiefgang	6,30 m
Einsatzverdrängung	ca. 4 500 t
Geschwindigkeit	ca. 30 kn
Hubschrauber	2 Westland Sea Lynx Mk 88
Antrieb	2 Dieselmotoren (MTU) mit 8 400 kW, 2 Gasturbinen mit 38 000 kW
Besatzung	237

Bewaffnung

- 1 x Geschütz, vollautomatisch OTO Melara 76 mm
- 2 x Maschinenkanonen (Rheinmetall) 20 mm
- Exocet, Sea Sparrow und RAM-Flugkörper
- 4 x U-Jagd-Torpedorohre (Honeywell)
- Täuschkörperraketenwerfer Breda

Sensoren

- 3D-Überwachungsradar SMART-S (Signaal)
- 2D-Überwachungsradar LW 08 (Signaal)
- 2 Navigationsradaranlagen Raypath
- 2 Feuerleitanlagen STIR (Signaal)
- 1 U-Jagd-Sonar DSQS 23 B (Atlas Elektronik)
- Anlage zur elektronischen Kampfführung FL 1800 II (Dasa)

Flugkörper Exocet

Der Flugkörper MM 38 Exocet (Aérospatiale) dient der Fregatte zur Bekämpfung von Seezielen. Der Flugkörper wird nach Zielerfassung abgefeuert und fliegt dann selbstsuchend ins Ziel. Als „fire and forget"-Flugkörper benötigt er keine Feuerleitanlage. Die Zieldaten erhält er von den Überwassersensoren einschließlich des Bordhubschraubers als Fremdorter der Fregatte.

Der Flugkörper (FK) hat eine Länge von 5,2 m, einen Durchmesser von 35 cm, eine Spannweite von 1,1 m und ein Gewicht von 735 kg. Seine Flugbahn verläuft zunächst als Buckel, um dann in der Marschphase (Brenndauer 105 s) mit Mach 0,93 als Seaskimmer nahe über dem Meerresspiegel zu gehen, bevor er mit seinem nach Entfernung, Breite und Tiefe voreingestellten Suchfenster das Ziel erfasst. Sein Endanflug erfolgt radargesteuert. Die maximale Reichweite beträgt 43 km.

Flugkörper Sea Sparrow

Zur Abwehr von Flugzeugen und Flugkörpern im Nächst- und Nahbereich (bis 10 Seemeilen) ist die Fregatte mit dem Flugkörpersystem NATO-Sea Sparrow (Raytheon) ausgerüstet. Die Flugkörper werden aus dem Senkrecht-

Kern von Einsatzgruppen bilden Fregatten – hier: das modernste Schiff der Marine, die Fregatte BRANDENBURG

Launcher Mk 41 (Raytheon) gestartet. Der Flugkörper wird über Feuerleitanlagen auf sein Ziel eingewiesen und auf den vorausberechneten Treffpunkt abgefeuert. Die Impulse des Feuerleitradars werden von Ziel reflektiert und dann von der passiven Antenne des FK-Suchkopfes erfasst.

Der FK ist 3,66 m lang, sein Durchmesser beträgt 20,3 cm und seine Spannweite 1,02 m. Er wiegt 204,5 kg.

Fregatte KARLSRUHE schießt Sea Sparrow

RAM

Das FK-Waffensystem RAM (Rolling Airframe Missile) wurde in amerikanisch-deutscher Zusammenarbeit (Raytheon/BGT) entwickelt. Es dient zur Nächstbereich-Flugabwehr gegen anfliegende Seeziel-FK. Der FK wird vor seinem Start mit entsprechenden Zielsignaturen versorgt.

Abfeuerung eines RAM-Flugkörpers

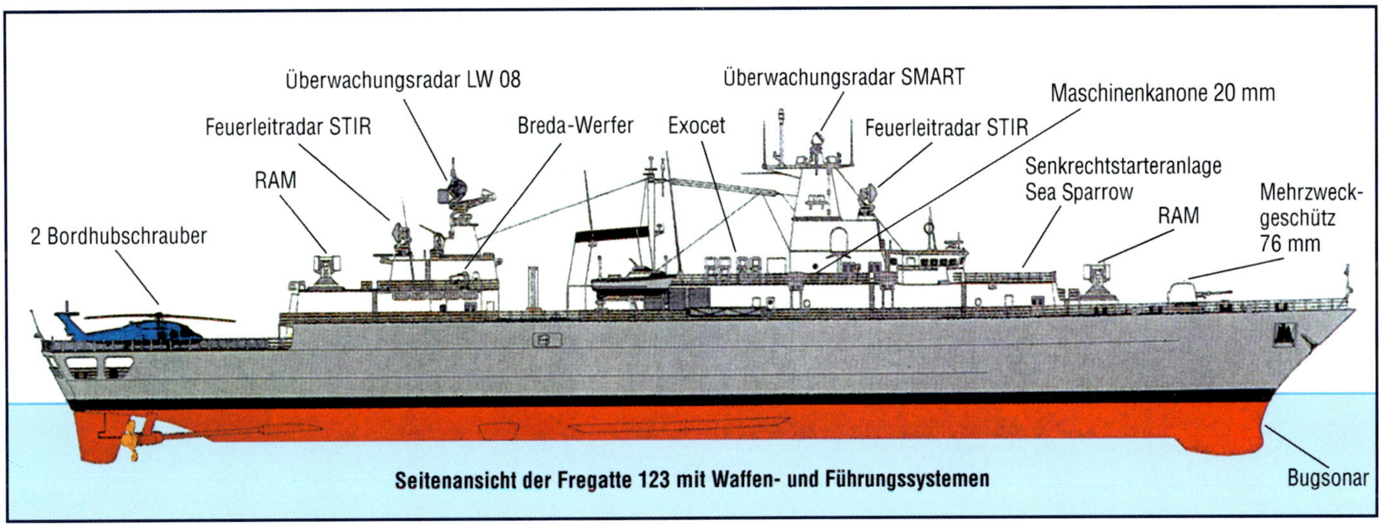

Seitenansicht der Fregatte 123 mit Waffen- und Führungssystemen

Fregatte BRANDENBURG,
das Typschiff der Klasse 123

*In der Operations-
zentrale an Bord*

*Blick in den Hangar
der Fregatte 123*

Den Auslösezeitpunkt bestimmt der Bordrechner – bezogen auf den optimalen Treffpunkt in Abhängigkeit der Annäherungsgeschwindigkeit. Damit folgt der FK dem „fire and forget"-Prinzip. Überlagert das Infrarot-Signal eines anfliegenden FK die Intensität seiner Radarausstrahlung, dann schaltet der RAM-FK von Radarauffassung auf seinen Infrarot-Suchkopf um und steuert den heißen Teil des anfliegenden FK an. Das RAM-System ist so ausgelegt, dass zwei Ziele im schnellen Wechsel bekämpft werden können. Damit vermag die Fregatte mit ihren beiden RAM-Anlagen, vier Ziele gleichzeitig zu bekämpfen.

Die Fregatten 123 verfügen über vollklimatisierte Innenräume, die der Besatzung angenehme Einsatz- und Arbeitsbedingungen gerade bei Operationen im Mittelmeer oder in tropischen Gewässern garantieren. Das große Hubschrauber-Landedeck dient der Besatzung bzw. den Freiwachen vor allem bei längeren Verlegungs- oder Auslandsreisen zur Freizeitgestaltung und zum Sport. Die Bordhubschrauber werden auch zum Personen- oder Materialtransport von Schiff zu Schiff oder von Schiff an Land und umgekehrt genutzt.

*Startkanister des
Flugkörper Exocet
an Oberdeck*

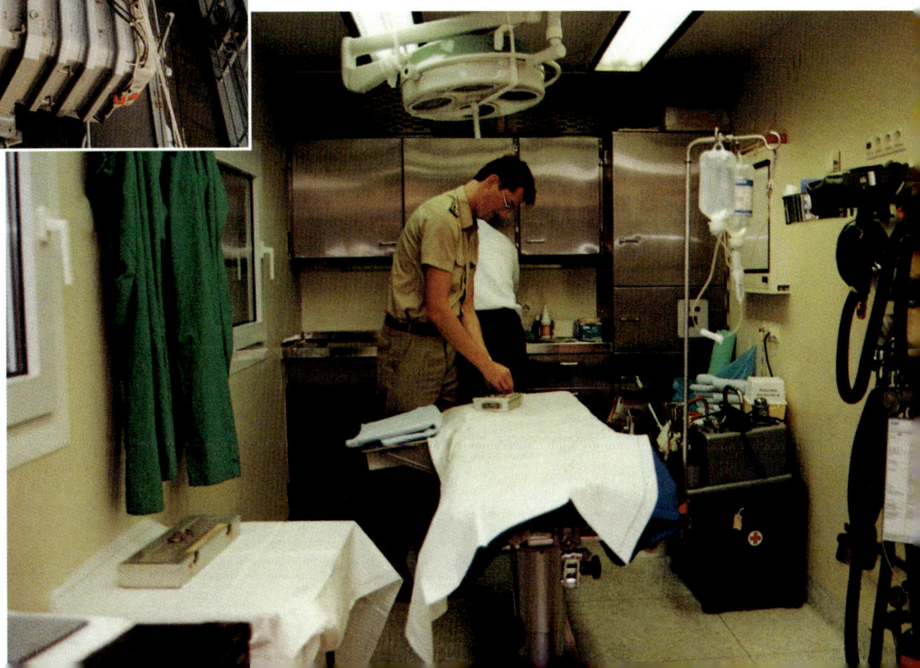

*Der Sanitätsbereich
an Bord der Fregatten
der Klasse 123*

Fregatte 124

Fregatte 124 folgt dem Zerstörer 103B

Die Zerstörer der Klasse 103B zählen nach ihrer zweimaligen Modernisierung zu den kampfkräftigsten Schiffen der Deutschen Marine. Es sind die LÜTJENS, MÖLDERS und ROMMEL. Als Hauptaufgabe ist den Zerstörern die Flugabwehr im Verband zugeordnet. Für diese Aufgabe sind sie anlagen- und gerätetechnisch optimiert. Daneben verfügen sie über wirkungsvolle Fähigkeiten zur U-Jagd und zur Seezielbekämpfung. Zerstörer sind allwetterfähige Schiffe mit hoher Seeausdauer. Als Zentrum eines integrierten Einsatzverbandes decken sie ein weites Spektrum operativer Fähigkeiten ab.

Die drei Zerstörer, die nunmehr 30 Dienstjahre erreicht haben, werden ab 2002 durch den Zulauf der neuen Fregatte Klasse 124 ersetzt, wobei die neue Fregatte ebenfalls zur Flugabwehr optimiert sein wird. Der Zerstörer ROMMEL ist bereits außer Fahrbereitschaft genommen worden.

Die Zerstörer LÜTJENS und MÖLDERS im Heimathafen Kiel

Schiffsdaten Zerstörer 103B

Einsatzverdrängung	ca. 4 720 t
Antriebsleistung	51 500 kW
Geschwindigkeit	ca. 30 kn
Bewaffnung	2 x 127 mm Geschütz Harpoon, SM-1 und RAM-Flugkörper, U-Jagdraketenwerfer ASROC, 6 x U-Jagd-Torpedorohre
Besatzung	327

Modell der Fregatte Klasse 124

Fregatte 124

Die drei Fregatten Klasse 124 werden von der Arbeitsgemeinschaft (ARGE 124) Blohm + Voss, Howaldtswerke-Deutsche Werft AG und Thyssen Nordseewerke gebaut. Die Kiellegung der ersten Fregatte SACHSEN erfolgte bereits im Februar 1999 bei Blohm + Voss in Hamburg.

Die Basis für den Entwurf der 124 ist die Plattform der Fregatte 123. Die F 124 unterscheidet sich jedoch von der F 123 durch ihre Hauptaufgabe, die nicht in der U-Jagd, sondern in der Verbandsschutz-Flugabwehr liegt. Daraus resultiert vor allem eine geänderte Ausstattung mit Radar und anderen Sensoren sowie eine Anpassung der Bewaffnung. Zudem erhält die F 124 eine unterschiedliche Aufbautengestaltung, um die Radarsignatur zu reduzieren.

Das Herzstück der Waffen- und Elektronikausrüstung der F 124 ist das Führungs- und Waffeneinsatzsystem (FüWES). Erstmalig erhält die Fregatte ein voll verteiltes Datenverarbeitungs- und Führungssystem mit einer Echtzeit-Datenbank und einem integrierten Kommunikationsnetzwerk für ein komplexes Waffensystem.

Schiffsdaten Fregatte 124

Länge	143,00 m
Breite	17,44 m
Tiefgang	5,00 m
Verdrängung	ca. 5 600 t
Geschwindigkeit	ca. 29 kn
Besatzung	ca. 255

Sensoren

- 3D-Radar SMART-L
- Multifunktionsradar APAR
- Seeraumüberwachungsradar TRITON-G
- 1 ATAS-Sonar System (S+W)
- Bugsonar DSQS-21B Mod
- LINK 11 und LINK 16
- 1FL 1800 S II (ESM)
- 2 Bordhubschrauber

Antrieb

CODAG	1 Gasturbine mit 23 500 kW
	2 Antriebsdiesel je 7 400 kW
2 Wellen	
2 Verstellpropeller	
Ruder-Roll-Stabilisierungsanlage	
Generatoren	4 x 1 000 kW

Bewaffnung und Ausrüstung

- 1 x 76 mm Geschütz
- 2 x 20 mm Geschütze
- 2 RAM-Starter
- Harpoon
- 1 VLS Mk 41/32 Zellen Senkrecht-Startanlage für Evolved Sea Sparrow (ESSM) und Standard Missile (SM2/IIIA)
- 2 x 3fach Torpedo Mk 32
- 1FL 1800 S II ECM
- 6 SRBOC Werfer

U-Boote 206/ 206A

U 29 Typ 206 A Übernahme eines Soldaten in See

U-Boote sind wirkungsvolle Seekriegsmittel. Ihre Stärke im Seekrieg liegt in ihrer Unsichtbarkeit. Sie sind weitgehend wetterunabhängig, besitzen eine große Seeausdauer und sind auch unter Bedrohung durchhaltefähig. Das U-Boot kann im Überwasserseekrieg, in der U-Jagd, aber auch zur Aufklärung und zur weiträumigen Gebietsüberwachung eingesetzt werden. Mit diesen Fähigkeiten tragen U-Boote erheblich zur Kräftebindung gegnerischer Seestreitkräfte bei. Die U-Boote der Klasse 206A wurden bei den Werften HDW in Kiel und bei Thyssen Nordseewerke in Emden aus amagnetischem

U 25 (S 174) im Überwassermarsch

Einschleusen eines Kampfschwimmers in Torpedorohre U 23

Spezialstahl gebaut. Diese konventionellen Boote eignen sich besonders für Einsätze in Küstengewässern, Randmeeren und Flachwassergebieten, wo sie aufgrund ihrer Manövrierfähigkeit, ihrer geringen Verdrängung (500 t), ihrer schwachen akustischen und magnetischen Signatur schwer zu orten bzw. zu entdecken sind. Mit ihrem Reichweitenvorteil in der passiven Ortung gegenüber Überwassereinheiten können sie sich frühzeitig der Ortung entziehen oder den Gegner bekämpfen, bevor dieser sie zu entdecken vermag. Mit Torpedoreichweiten bis 20000 m ist das U-Boot ein gefährlicher Gegner im Seekrieg.

U 17 Typ 206 A

U-Boot in Überwasserfahrt

Einsatzgrundsätze

Das konventionelle U-Boot operiert in der Regel unabhängig, d. h. als „Einzelkämpfer". Es ist taktisch initiativ und nutzt im Einsatz den Reichweitenvorteil seiner Sensoren. Dabei werden die Waffen (Torpedos) auf größtmögliche Entfernung eingesetzt. Die Unsichtbarkeit und geringe Entdeckungswahrscheinlichkeit zählen zu den Stärken des U-Bootes. Es gilt, diese Vorzüge so lange wie möglich zu wahren. Daher arbeitet das U-Boot zur Lagebilderstellung und beim Waffeneinsatz vornehmlich mit seinen passiven Sensoren. Sein Einsatzerfolg hängt entscheidend davon ab, dass es unentdeckt bleibt. Eine frühzeitige Entdeckung zwingt das U-Boot in die Defensive, verringert seinen Einsatzerfolg und reduziert seine Überlebenschancen.

Torpedo DM2 A4

Navigation

U-Boot bei Torpedoübernahme

In der Operationszentrale

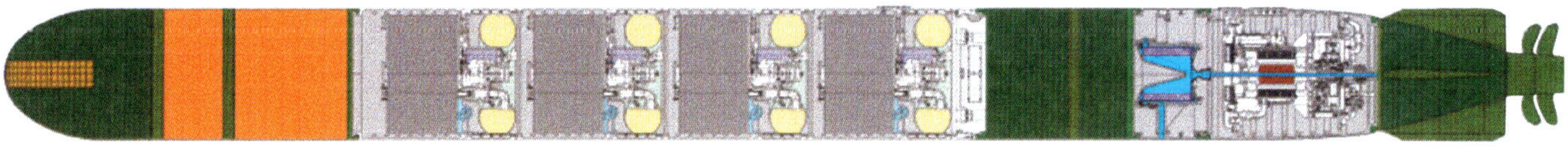

U-Boote und Schnellboote an der Pier

Vorbereiten zum Auslaufen

Waffensystem

Das U-Boot 206A ist mit drahtgelenkten Torpedos vom Typ DM 2 A3 (Seehecht) ausgerüstet. Zudem kann das Boot 24 Grundminen in einem speziell dafür vorgesehenen Minengürtel mitführen. Das U-Boot besitzt leistungsfähige und dem neuesten Stand der Technik entsprechende Sensor-Anlagen zur Lagebilderstellung, -darstellung und Feuerleitung. Das System SLW 83 (Sonar-Lageerarbeitungs- und Waffeneinsatz-Anlage) besteht aus vier Konsolen, die zur Signalerfassung und -analyse dienen. Die Konsolen sind untereinander redundant und ermöglichen durch weitgehende Automatisierung die Verarbeitung komplexer Lagen mit unterschiedlichen und mehreren Zielen gleichzeitig. Kennzeichnend für das Waffensystem 206A ist zudem die Fähigkeit zur Mehrfachzielbekämpfung. Damit können gleichzeitig drei Torpedos gegen drei Ziele eingesetzt werden. Der Torpedo DM 2 A3 ist ein sogenannter „dual purpose torpedo", der infolge einer ausgeklügelten Sensorik und Datenverarbeitung gegen Über- und auch gegen Unterwasserziele eingesetzt werden kann.

Die Weiterentwicklung des DM 2 A3 ist der DM 2 A4. Er zeichnet sich durch folgende Leistungsparameter aus:

Torpedo DM 2 A4

- Bekämpfung schneller Ziele in großer Entfernung
- hohe Maximalgeschwindigkeit
- große Lenklaufstrecke
- hohe Batteriekapazität
- Beherrschung von Mehrfachzielsituationen
- geringe Geräuschentwicklung
- Lenkdraht in Glasfasertechnik
- Kielwasserdetektor als zusätzlicher Sensor
- in Funktion identische Übungs- und Gefechtsausführung
- Annäherungs- und Aufschlag-Zündsystem

Einsatzspektrum und Ausbildung

Ursprünglich – zur Zeit des Kalten Krieges – waren die deutschen U-Boote für den vorrangigen Einsatz in der Ostsee konzipiert. Der Verteidigungsauftrag im Rahmen der NATO war auf die Abwehr gegnerischer Landungsverbände in einem vom Gegner beherrschten Randmeer ausgerichtet. Heute demonstrieren die U-Boote durch regelmäßige Präsenz und Ausbildungsreisen im gesamten NATO-Operationsgebiet, d. h. über ihr bisheriges Einsatzgebiet in Ost-und Nordsee hinaus auch im östlichen Atlantik und im Mittelmeer ihre Fähigkeit und Entschlossenheit zur Verteidigung. Dabei haben die Boote auch den Atlantik überquert, um als sehr begehrte Übungspartner mit Atom-U-Booten der NATO-Partner in den Übungsgebieten der U.S.-Navy in der Karibik anspruchsvolle Manöver durchzuführen.

Die hochwertige technische und taktisch-operative Ausbildung der U-Bootbesatzungen erfolgt weitgehend innerhalb der U-Boot-Flottille im Ausbildungszentrum U-Boote (AZU) in Eckernförde.

Ausbildung im Winter

Bootsdaten

Länge	48,60 m
Durchmesser	
Druckkörper	4,60 m
Tiefgang	4,20 m
Verdrängung	500 t
Geschwindigkeit	17 kn
Torpedorohre	8
Minengürtel	für 24 Grundminen
Antrieb	Dieselmotor/Batterie
Seeausdauer	32 Tage

Auslaufen zum Karibik-Manöver

U-Boote 212

Schematischer Aufriss U 212

Das U-Boot 212 ist ein konventionelles außenluftunabhängiges Boot, das einen erheblichen technologischen Sprung im U-Bootbau darstellt. Dieses hochmoderne Boot wird bei HDW und Thyssen-Nordseewerke gebaut. Die Außenluftunabhängigkeit wird mit einer Hybridantriebsanlage (Kombination von Batterie und Brennstoffzelle) erreicht. In der Brennstoffzelle wird Wasserstoff oxydiert, wobei die freiwerdende Energie als elektrische Energie genutzt wird. Das Abfallprodukt ist Wasser.

Das U-Boot 212 verfügt über ein leistungsstarkes Führungs- und Waffeneinsatzsystem (FüWES), das durch die Sensorausstattung mit Towed Array und Flank Array-Sonaren gegenüber dem U-Boot 206A erheblich an Effektivität gewonnen hat. Hoch-, mittel- und tieffrequente Sonarsysteme sind integriert, einschließlich einer Minenortungsanlage (gegen Ankertauminen). Die Sonaranlage DBQS 40 kann bis zu acht Ziele gleichzeitig verarbeiten. Das Beobachtungssehrohr ist mit einem optischen Entfernungsmesser und einer Infrarotkomponente, das Angriffssehrohr mit optischen und Laser-Entfernungsmessern ausgerüstet.

Hauptwaffe ist der von der Firma STN ATLAS Elektronik entwickelte Schwergewichtstorpedo

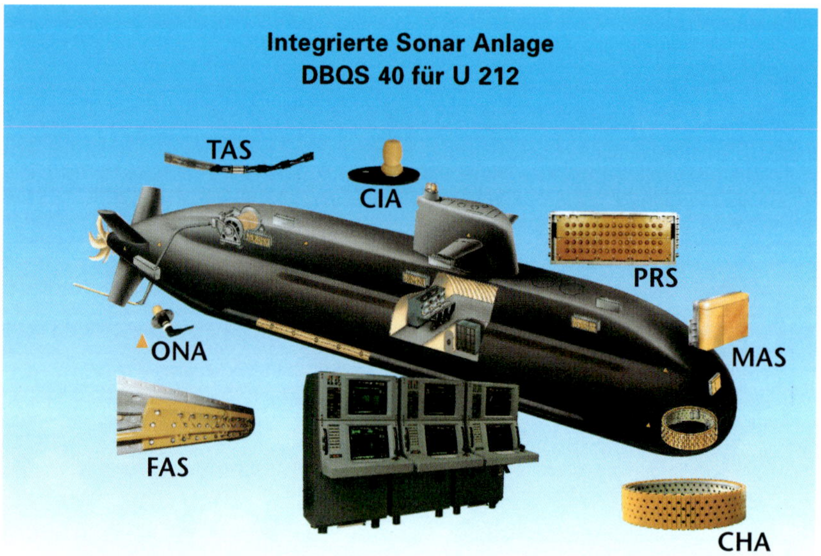

TAS (Towed Array Sonar) = Schleppsonar
CIA (Cylindrical Intercept Array) = Intercept Passiv Sonar
PRS (Passiv Ranging Sonar) = Passiv Sonar
MAS (Mine Avoidance Sonar) = Minenmeide Sonar
FAS (Flank Array Sonar) = Tieffrequentes Seiten Sonar
ONA (Own Noise Analysis Hydrophone) = Hydrophon System
CHA (Cylindrical Hydrophone Array) = Hydrophon Gruppensystem

DM 2 A4, eine Weiterentwicklung des Torpedos DM 2 A3. Eine Torpedoabwehranlage, Navigationsanlage mit Trägheits- und Satellitennavigationsanlage sowie Fernmeldeanlagen mit Verbindungen Schiff/Schiff, Schiff/Luft, Schiff/Land, Land/Schiff in den Betriebsarten Sprache, Fernschreiben und Kurzsignalgebung runden die Ausrüstung ab.

So wird das U-Boot Klasse 212A einmal aussehen

Bootsdaten	
Verdrängung	1 500 t
Länge	56 m
Druckkörperdurchmesser	7,0 m
Tiefgang	6,0 m
Geschwindigkeit	17 kn
Bewaffnung	6 Ausstoßrohre mit 12 Torpedos
Besatzung	27

Die Deutsche Marine erhält ab 2003 ein erstes Los von vier U-Booten der Klasse 212. Während der Entwicklungsphase des U-Bootes wurde sein Turm verändert (Stealth-Technologie und reduzierte Signaturen) und seine Tauchtiefe auf über 400 m erhöht. Damit hat sich die Klassenbezeichnung in 212A geändert. Das U-Boot besitzt zudem Raum- und Gewichtsreserven für Nachrüstungen.

Zukünftiger Über- und Unterwasserseekrieg (Schema)

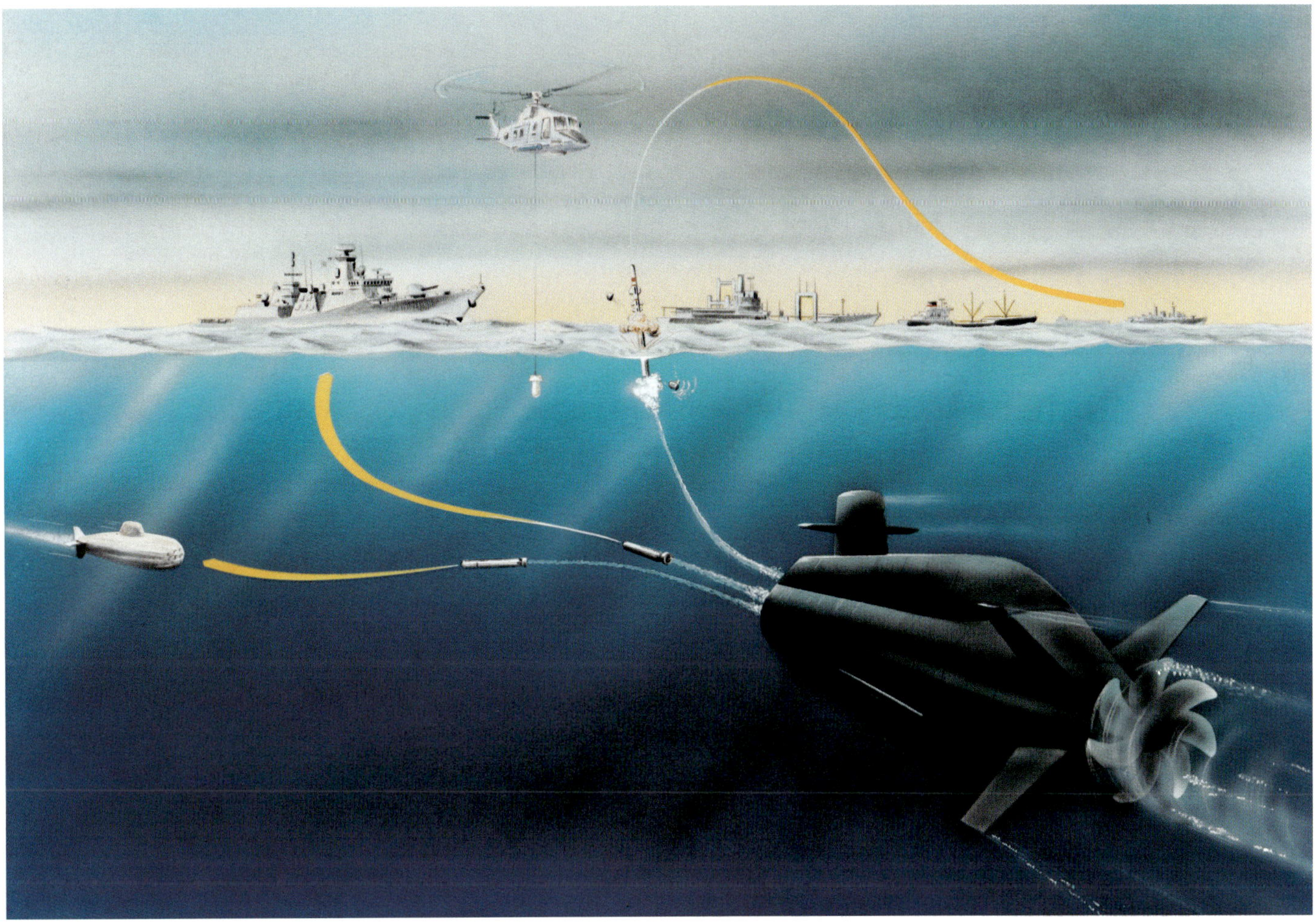

Schnellboote 143/143A

Schnellboote haben eine lange Tradition in Deutschland. Die Boote der Klassen 143 und 143A stellen den Höhepunkt in der Entwicklung dieses Waffensystems dar.

Die Einsatzoptionen der Schnellboote sind:

- Ausbildung der Besatzungen, Zusammenarbeit mit anderen Seekriegsmitteln (Fregatten, Hubschrauber, Marinejagdbomber, Minenabwehrfahrzeuge)
- Präsenz auf See im nationalen und internationalen Rahmen „Botschafter in Blau“
- Mitwirkung im Rahmen internationaler Krisenoperationen (Aufklärung, Überwachung und Sicherung eines Seegebietes, ggf. Embargokontrollen)
- Im Konfliktfall: Abwehr von Angriffen gegen eigene und verbündete Küsten, Bekämpfung gegnerischer Überwasserstreitkräfte, Sicherung von Seeverbindungen

Das Führungs- und Waffeneinsatzsystem (FüWES)

Das Herz des Schnellbooteinsatzes schlägt in der Operationszentrale. Das mit neuen Zentralrechnern modernisierte System ermöglicht die integrierte Zusammenarbeit aller Komponenten zur Erstellung und Auswertung eines umfassenden Lagebildes und eines verzugslosen Waffeneinsatzes. Das aktuelle Bedrohungsspektrum stellt hohe Anforderungen an die Hard- und Software des Automatischen Gefechts- und Informationssystems Schnellboote (AGIS).

AGIS nutzt Echtzeit-Datenaustausch, um das taktische Lagebild mit dem Marinehauptquartier (MHQ) und allen anderen mit Daten-Link ausgestatteten Einheiten zu korrelieren.

Einsatz der Schnellboote

Systemkonfiguration der FüWES mit Integration aller Waffenanlagen

Schnellboot 143A in der Ostsee

Die Klasse 143A hat wegen ihrer unterschiedlichen Effektorenausrüstung eine veränderte Ausstattung der Operationszentrale (OPZ) erhalten. Durch den Verzicht auf die Torpedokomponente wurde Platz geschaffen für eine Mehrzweckkonsole als Arbeitsplatz für den eingeschifften Verbandsführer.

Sensoren und Effektoren

Beide Bootstypen sind mit der Radaranlage WM27 der Firma HSA ausgestattet. Die Kombination der Radaranlage mit dem Feuerleitsystem befähigt das Schnellboot, bis zu fünf Ziele gleichzeitig zu bekämpfen.

Die Schnellboote sind mit kombinierten Elektronischen Unterstützungs- bzw. Gegenmaßnahmen (EloUM/GM) Anlagen OCTOPUS (Kl 143) und FL1800 (Kl 143A) ausgestattet. Die Ergebnisse werden im AGIS zur Lagebilderstellung und zum Waffeneinsatz verarbeitet.

Für bedrohliche Emitter erzeugen die Anlagen Bekämpfungsempfehlungen.

In der Operationszentrale an Bord

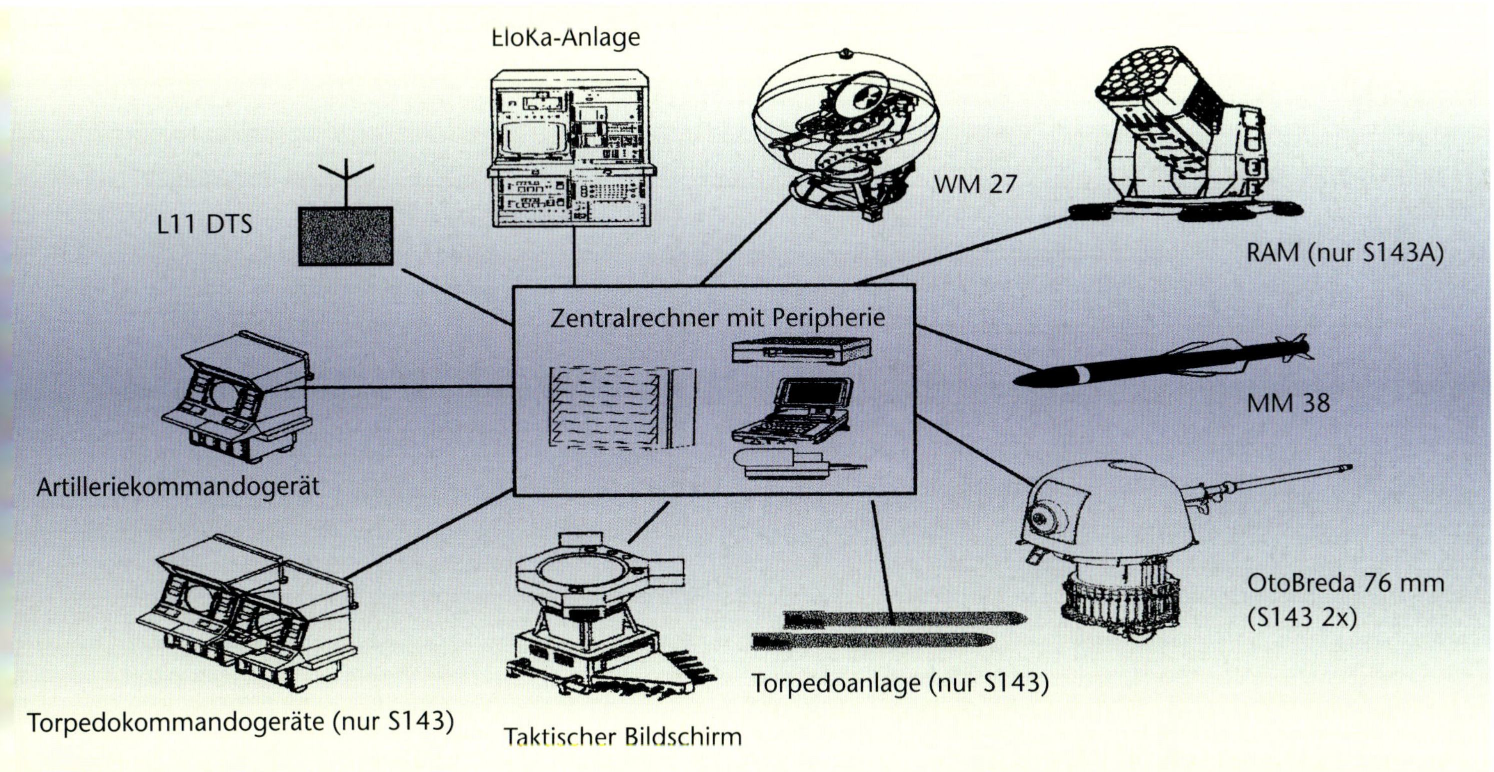

Bootsdaten	
Länge	57,6 m
Breite	7,8 m
Tiefgang	2,6 m
Verdrängung	395 t (S143); 391 t (S143A)
Antrieb	4 MTU 16V Diesel zus. 16 000 PS an 4 Schrauben
Reichweite	600 sm/30 Kts 2600 sm/15 Kts
Besatzung	41 (5/5/31) – S143 35 (4/6/25) – S143A

Schnellboote beim Formationsfahren

Waffen

Es können mehrere Emitter simultan bekämpft werden. Der Einsatz kann automatisch, z. B. gegen anfliegende Flugkörper, oder auch manuell ausgelöst werden.

Des Weiteren sind alle Boote mit Systemen zum Verbringen von Infrarot- und Radar (IR)-Täuschkörpern ausgerüstet. Das System DAG 2000 WOLKE arbeitet mit haarfeinen aluminisierten Kunststoffstreifen, die kontinuierlich in großer Menge auf Masthöhe ausgeblasen werden und sich je nach Wind und Fahrtrichtung des Bootes ausbreiten, um anfliegende Flugkörper bzw. gegnerische Lagebilderstellung zu täuschen. Im Radarfrequenzband arbeitet auch das System SILVER DOG. Hier werden aus einem vom Heer abgeleiteten Mehrfachwerfer 81-mm-Täuschkörpergranaten abgeschossen, die sich nach vorbestimmter Zeit zerlegen und ebenfalls eine Täuschkörperwolke erzeugen.

Das IR-Täuschkörpersystem HOT DOG nutzt diesen Werfer ebenfalls.

Ein Schnellbootgeschwader im Heimathafen an der Pier

Schnellboot Klasse 143 im US-Manöver „BALTOPS" mit dem US-Kreuzer CG 66 „HUE CITY" in der Ostsee

MM 38 Exocet beim Abschuss

Abschuss eines RAM-Flugkörpers

MM 38 Exocet
Länge: 5,2 m; Spannweite: 1,1 m
Gewicht: 735 kg; Gefechtskopf: 250 kg
Geschwindigkeit: Mach 0,93
Reichweite: 43 km

RAM (RIM-116A)
Länge: 2,82 m; Spannweite: 43,8 cm
Gewicht: 73,5 kg; Gefechtskopf: 5 kg
Geschwindigkeit: Mach 2,0
Reichweite: 5 Seemeilen

Geschütz 76 mm OTO Melara
Reichweite: 16 000 m; max. Kadenz: 85/min
Mündungsgeschw.: 925 m/s
Vorladung: 80 Schuss

Torpedo DM 2A1 SEAL (AEG)
Länge: 6,55 m; Durchmesser: 53,3 cm
Gewicht: 1 370 kg; Gefechtskopf: 250 kg
Geschwindigkeit: max. 33 kn
Reichweite: 20 km bei 33 kn

Zusätzlich verfügt die Klasse 143A über die Fähigkeit zum Minenlegen. Im Rahmen der Aufgabenerweiterung für Krisenreaktionseinsätze wurden beide Bootsklassen mit je zwei schweren Maschinengewehren (Browning 12,7 mm) ausgerüstet. Dies schließt eine Lücke in der Abwehr von kleinen Speedbooten im Nahbereich und zur Unterstützung von Boarding Operationen.

Fernmeldesysteme

Die Ausstattung mit 3 HF-, 4 UHF- und 1 VHF- Sendern und Empfängern ist für den Verbandseinsatz von Schnellbooten ausgerichtet. Bei Integration in größere Task-Forces im Rahmen von nationalen oder NATO-Operationen werden ggf. notwendige zusätzliche Schaltverpflichtungen durch den dem Einsatzverband zugeordneten Tender wahrgenommen.

Minenabwehr-systeme

Sprengung einer entdeckten Mine mit Minenjagdbooten in Detonationsnähe

Die Minenstreitkräfte der Deutschen Marine zählen zu den modernsten in der NATO. Sie haben den Auftrag, gegnerische Minen zu beseitigen, um die eigenen Seewege ungehindert nutzen zu können und die Operationsfreiheit eigener und verbündeter Seestreitkräfte zu erhalten. Zudem können sie zum Schutz eigener Küsten bzw. der von Bündnispartnern Minen legen und damit Seegebiete für einen Gegner unbefahrbar machen.

Die deutschen Minenstreitkräfte können auf ein breites Erfahrungsspektrum in der Abwehr von scharfen Minen zurückblicken. Bereits 1991 war ein deutscher Minenabwehrverband über

Bootsdaten

Verdrängung	620 t
Geschwindigkeit	ca. 18 kn
Bewaffnung	2 x 40 mm Geschütz Fliegerfaust Minenräum- und Minenlegeausstattung
Antrieb	3400 kW
Besatzung	37

Minenjagdboot PASSAU

Minenjagdboot ÜBERHERRN Klasse 343

Minensuchboote der HAMELN Klasse 343

Dieses Minensuchboot kann Minen legen und suchen bzw. räumen. Es vermag, 60 moderne Minen aufzunehmen und zu legen. Das Boot besitzt moderne Kommando-, Überwachungs- und Fernmeldesysteme wie Satellitennavigation, LINK 11, Führungs- und Informationssysteme oder adaptive Kurs- und Bahnregler. Für die Minensuchaufgabe verfügt dieser Bootstyp über ein konventionelles, nachgeschlepptes Minenräumgerät und über einen geschleppten Hohlstab für Räumeinsätze gegen Minen mit magnetischen und akustischen Zündsystemen.

drei Monate im Persischen Golf eingesetzt, um die während des Golfkrieges mit Minen verseuchten Schifffahrtswege freizuräumen. Seit 1993 operieren deutsche Minensuchgeschwader in regelmäßigen jährlichen Abständen gemeinsam mit Minensuchbooten anderer Nationen in den Gewässern der baltischen Staaten, um die dortigen Seegebiete von Altlasten (Minen, Torpedos, Bomben) aus den letzten beiden Weltkriegen zu befreien.

Die Minensuch- und Minenjagdboote der FRANKENTHAL (332), HAMELN (343), LINDAU (331 B), FRAUENLOB (394) Klasse sowie das Minenräumsystem TROIKA (351) dienen der Minenabwehr.

OPZ-Besatzung vor den Konsolen an Bord eines Minenjagdbootes

Minenjagdboot der FRANKENTHAL Klasse 332

Mit der Einführung von zwölf Minenjagdbooten der Klasse 332 haben die deutschen Minenstreitkräfte eine deutliche Steigerung ihrer Minenabwehrfähigkeit erfahren. Der Konzeptentwurf dieses Waffensystems erfolgte mit Hilfe der Firma Systemtechnik Nord (STN). Der Bau der Boote lag in der Verantwortung der Werftarbeitsgemeinschaft (ARGE MJ 332), bestehend aus den Werften Lürssen, Abeking & Rasmussen und Kröger.

Bootsdaten	
Verdrängung	650 t
Geschwindigkeit	ca. 18 kn
Bewaffnung	1 x 40 mm Geschütz Fliegerfaust Minenräum- und Minenlegeausstattung
Antrieb	3 400 kW
Besatzung	41

Minenjagdboot der Klasse 332 bei der Vorbereitung zur Kraftstoffübernahme in See

Ausbringen von Übungsminen

Minenräumsystem TROIKA Klasse 351

Die sechs Minensuchboote der Klasse 351 mit ihren 18 Fernlenkräumgeräten Seehund werden als TROIKA-System bezeichnet. Beim Räumeinsatz führt das Lenkfahrzeug bis zu drei unbemannte Seehunde mit aktivierten Minenräumanlagen ferngesteuert über das Räumgebiet, wobei das Lenkfahrzeug aus Sicherheitsgründen außerhalb des Minenfeldes operiert. Das Lenkfahrzeug besitzt ein Minenmeidesonar zum Lokalisieren von Ankertauminen und ein entsprechendes Raumgerät

Entschärfen einer Ankertaumine

Das Minenjagdboot verfügt u. a. über folgende Ausrüstung/Fähigkeiten:

- Bugsonar DSQS 11 M mit digitalem Signal-Prozessor und synthetischem Sonarbild.
- Identifizierungs- und Minenvernichtungsdrohne „Pinguin". Diese Drohne identifiziert mit einer Videokamera bzw. hochauflösendem Nahbereichssonar Kontakte. Sie kann zudem zwei Minenvernichtungsladungen verbringen und damit zwei Minen räumen. Der Einsatz richtet sich gegen Grund- und Ankertauminen.
- Navigations- und Schiffsführungsysteme wie bei Klasse 343.

Zur Besatzung gehören auch hochqualifizierte Minentaucher, die alle Minenarten entschärfen oder sprengen können.

Minentaucher inspizieren eine Ankertaumine unter Wasser

sowie Lenk- und Überwachungseinrichtungen für drei Fernlenkräumgeräte. Die Seehunde stellen kompakte Minenräumeinheiten dar und werden gegen Grundminen mit akustischen und magnetischen Zündsystemen eingesetzt. Sie überstehen Detonationen geräumter Minen auch in geringer Entfernung gefahrlos. Bei einer Länge von 25 m verdrängen sie 95 t. Ein Antriebsdiesel treibt hydraulisch einen Shottelruderpropeller an und verleiht dem Seehund eine Höchstfahrt von 9 kn.

Hohlstablenkboot DÜREN Klasse 351

Bootsdaten	
Verdrängung	465 t
Geschwindigkeit	ca. 15 kn
Bewaffnung	1 x 40 mm Geschütz, mech. Minenräumgerät, 3 x Hohlstab-Fernräumgeräte (Seehund)
Besatzung	44

Seehunde im Einsatz

Bootsdaten Seehund	
Verdrängung	99 t
Länge	27 m
Geschwindigkeit	9,5 kn
Antrieb-Diesel	328 kW
Besatzung	3

Ein Seehund kämpft sich durch rauhe See

Aussetzen der Drohne

Technische Daten	
Gewicht	1 075 kg
Geschwindigkeit	6 kn
Einsatztiefe	200 m
Einsatzgrenze	bis 2 m Wellenhöhe

Unterwasserdrohne Pinguin

Die Unterwasserdrohne Pinguin dient zur Identifizierung und Vernichtung von Seeminen. Sie wird über ein schwimmfähiges Lichtwellenleiterkabel von der Operationszentrale des Minenjagdbootes ferngelenkt. Die Drohne verfügt über eine Unterwasserfernsehkamera bzw. über ein Nahbereichssonar DDS x 11 A, damit auch bei schlechter Unterwassersicht eine Mine/Objekt sicher angesteuert werden kann. Die Energieversorgung der Drohne erfolgt durch zwei leistungsstarke Batterien. Die Drohne führt zwei Minenvernichtungsladungen (MVL) mit einer Sprengstoffmasse von jeweils 100 kg mit sich. Wird ein Objekt unter Wasser identifiziert, legt die Drohne unweit des Objektes die MVL ab und kehrt zum Minenjagdboot zurück. Anschließend wird die MVL vom Minenjagdboot aus gezündet, um die Mine/Objekt zu sprengen.

Vorbereiten der Drohne

Die Unterwasserdrohne Seefuchs operiert unter Wasser wie ein ferngelenktes Mini-U-Boot

MINENJAGD
MJ 2000
AUSRÜSTUNG

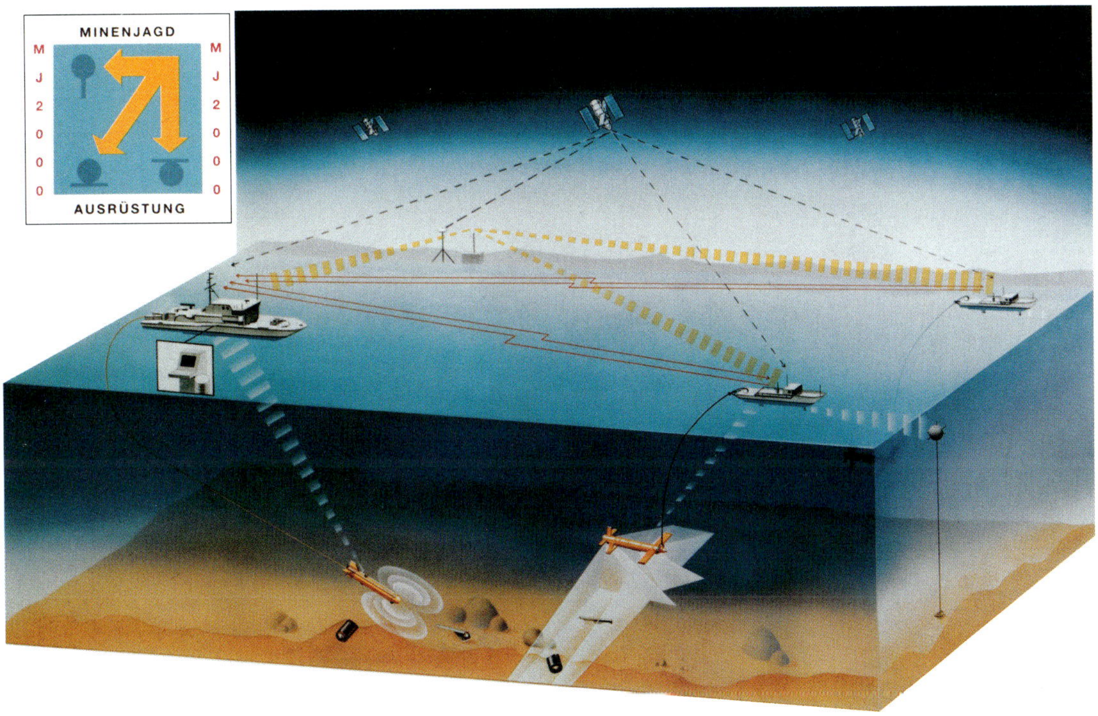

Minenjagd 2000, die Minenabwehr der Zukunft – Einsatz von Sonaren zur Detektion und Klassifizierung von Grundminen, Ankertauminen und eingesunkenen Minen auf unterschiedlichen Sonarträgern

Tender 404

Die Tender wurden bei der Kröger-Werft, Rendsburg, bei der Flensburger Schiffbaugesellschaft und beim Bremer Vulkan gebaut.

Mit dem Bau des Typschiffs, Tender ELBE, wurde noch im Dezember 1990 begonnen. Es folgten die Tender MOSEL, RHEIN, WERRA, MAIN und bereits im November 1994 das letzte Schiff der Serie, Tender DONAU.

Die Tender sind in zwei Häfen stationiert. In Olpenitz liegen die WERRA, MOSEL, RHEIN und MAIN, in Warnemünde die ELBE und die DONAU.

Die Hauptaufgabe der Tender ist die logistische und technische Unterstützung der zugeordneten Boote. Dies können Minensuch- bzw. -jagdboote oder Schnellboote aus einem nationalen oder, wie inzwischen mehrfach nachgewiesen, aus einem internationalen Verband sein. Die Vielfalt reicht von der Versorgung mit Kraftstoff oder Wasser über Munition und Instandsetzungen bis zu Ersatzteilen und Lebensmitteln. Die Klasse 404 wird diesen Anforderungen umfassend gerecht.

Die Besatzung besteht aus fünf Offizieren, neun Portepeeunteroffizieren (PUO), neun Unteroffizieren (Uffz) und 18 Mannschaften. Die Systemunterstützungsgruppe (SUG), bestehend aus drei Offizieren, zehn PUO, sechs Uffz und zwölf Mannschaften, ist zentraler Bestandteil der Versorgungsplattform 404 und zur Auftragserfüllung unbedingt erforderlich.

Vier der sechs Tender gemeinsam vor Anker

Hubschrauber vom Typ Sea King vor der Landung

Längsseitsgehen eines Bootes in Fahrt

Die Unterbringung erfolgt in Einzel-, Doppel- bzw. Viermannkammern, hat damit gegenüber der Vergangenheit an Qualität gewonnen und wird den Ansprüchen längerer Seefahrten gerecht. Ebenfalls großzügig ausgestattet sind die vier Messen und das Bordlazarett, in dem auch größere medizinische Eingriffe möglich sind.

Richtungsweisend sind die Tender auch beim Umweltschutz. Neben Bilgenwasserentöler sowie Öl- und Fettabscheidern verdient die Müllentsorgungseinrichtung sowie die Abwasseraufbereitungsanlage Beachtung. Zerkleinert, gepresst und hygienisch verpackt kann der Müll im Hafen von Bord gegeben werden.

Nachrüstungen im Fernmelde- und Waffenbereich wurden notwendig, als der Gedanke, die Fregatten in der Adria durch Bootsgeschwader zu entlasten, Formen annahm. Der Funkraum wurde aufgerüstet, eine SATCOM-Anlage und 2 x 20-mm-Lafetten wurden nachgerüstet und auf der Back wurde die Fähigkeit der Versorgung in See durch eine zusätzliche Übernahmestation erweitert. Eine Kampfwertsteigerung erhielten die Tender in den Jahren 1997/98 während ihrer Werftliegezeiten durch den Umbau des Flugdecks und den Einbau der Flugbetriebsanlagen. Die Zuerkennung der vollen Flugbetriebsbereitschaft erfolgte im Sommer 1998.

Vor Anker mit Minensuch- bzw. Minenjagdbooten aus Holland, Belgien, Frankreich, Dänemark, Deutschland und Finnland (v.r.n.l.)

Tender WERRA mit Containern beladen

Das Hubschrauber-Landedeck der Tender hat eine Belastbarkeit von 10 t Ladegewicht. Das Ladegewicht reicht aus, um die Hubschrauber der Marine Sea King und Sea Lynx sowie die meisten Hubschrauber von Partnermarinen an Deck aufzunehmen.

Mit den Tendern wurden personaleffektive und auch kostengünstige Unterstützungseinheiten in Dienst gestellt, die durch schnelle Umrüstfähigkeit einen flexiblen Einsatz in der Flotte gewähren. Sämtliche logistischen Belange der Bootsgeschwader vermag der Tender nach dem Längsseitskommen der einzelnen Boote zu erfüllen. Vor allem die SUG an Bord des Tenders kann unverzüglich notwendige Reparaturen und Instandsetzungsarbeiten auf den Booten in See durchführen, was in hohem Maße zur Einsatzfähigkeit der Kampfboote beiträgt.

Teamarbeit zwischen Pilot und Flugdeckoffizier

Ein Minenjagdboot geht am Tender längsseits

Zwei Minenjagdboote machen zur Versorgung am Tender fest

Postbeutel-Übergabe mit einem U-Boot

Schiffsdaten	
Länge ü. a.	100,58 m
Breite ü. a.	15,70 m
Tiefgang max.	4,05 m
Einsatzverdrängung	3580 t
Antrieb, Diesel	1x 2450 kW
Höchstgeschwindigkeit	15 kn
Marschgeschwindigkeit	12 kn
Fahrtstrecke	2500 sm
Kraftstoffmenge, Fremd/Eigen	700 m^3
Flugkraftstoffmenge	60 m^3
Frischwasser	280 m^3
Verpflegung	40 t
Munition	160 t
Besatzungsstärke	45 Mann
Systemunterstützungsgruppe	30 Mann
Containeranzahl	28 Stück
Seeausdauer	30 Tage

Übergabe eines Unterwasser-Ortungsgerätes an ein längsseits liegendes Boot

Zu diesem Buch

Dies ist nicht nur ein Buch über die Technik komplexer Waffensysteme. Es ist auch ein Bild-Text-Band, der das Zusammenwirken von Soldaten und Waffensystemen als Grundlage für die Einsatzbereitschaft und Leistungsfähigkeit der Bundeswehr darstellt. Viele Truppenteile, Dienststellen, Angehörige der Streitkräfte, Firmen und Fotografen haben mit Bildmaterial und Beiträgen zur Erstellung dieses Buches beigetragen. Es sind auch Fotos enthalten, bei denen die Fotografen nicht mehr zu ermitteln waren.

Wir danken allen, die uns bei der Verwirklichung dieses Buches geholfen haben.

Bildquellennachweis

ABC-und Selbstschutzschule – Alenia – Amt für Nachrichtenwesen der Bundeswehr (Bernhard Huster) – Archiv Soldat und Technik – Artillerieschule – Bundesministerium der Verteidigung, Bildstelle (Malte Betz, Daniel Mitrenga, Detmar Modes) – Bildstelle der Marine – Blohm + Voss – Walter Böhm – British Aerospace – Bundesamt für Wehrtechnik und Beschaffung – DaimlerChrysler Aerospace AG (Dasa, München) – Horst Dehnst – Friedrich Deininger – Udo Dewies – Diehl GIWS - Diehl Stiftung & Co. – Dornier GmbH – Michael Engelhardt – Jürgen Erbe – Thomas Ernst – ESG Elektronik- und Logistik-GmbH – Eurocopter – Eurofighter GmbH – Euromissile – EWK Eisenwerke Kaiserslautern GmbH – Fernmeldeschule und Fachschule des Heeres für Elektronik – O. W. Fischer – GebPzJgKp 230 – Stephan Görlich – HDW – Heeresbild- und Filmstelle, Wien – Heeresflugabwehrschule – Heeresführungskommando – Heeresunterstützungskommando – Henschel Wehrtechnik GmbH – HFlgRgt 35 – Rolf Hilmes – Michael Jerchel – JG 74 – Jörg Klokow – KMW – Krauss Maffei Wehrtechnik GmbH – Lockheed Martin – Hans Christian Lohmann – LTG 62 – Mak System Gesellschaft mbH – MAN Nutzfahrzeuge AG – Materialamt des Heeres – MBB – Informations- und Medienzentrale der Bundeswehr – Messe Berlin – MFG 5 – MONTA-Film – MTU, München – NH Industries – Panavia – Panzertruppenschule – Presse- und Informationszentrum der Flotte – Pressestelle LSK/LV – Pressezentrum Luftwaffe – Peter Preylowski – Bernd Rahlf – Ingo Raupach – Raytheon International – Renk AG – Rheinmetall W&M – Rohde und Schwarz GmbH & Co. KG – Christian Schulze – Manfred Seiler – SEL Verteidigungssysteme – STN ATLAS Elektronik – Helmut Vierzigmann – Wegmann & Co GmbH – WTD 61

Die Herausgabe dieses Buches unterstützten folgende Unternehmen:

Blohm+Voss GmbH
Postfach 10 07 20
D-20005 Hamburg

Howaldtswerke –
Deutsche Werft AG
Postfach 6309
D-24124 Kiel

DaimlerChrysler Aerospace
D-81663 München

Krauss-Maffei Wegmann
GmbH & Co KG
Krauss-Maffei-Straße 11
D-80997 MÜnchen

Diehl Stiftung & Co.
Stephanstraße 49
D-90478 Nürnberg

MAN Nutzfahrzeuge
Aktiengesellschaft
Postfach 50 06 20
D-80976 München

ESG Elektroniksystem- und
Logistik-GmbH
Einsteinstraße 174
D-81675 München

Rheinmetall DeTec AG
Pempelfurtstraße 1
D-40880 Ratingen

euromissile
12, rue de la Redoute
F-92260 Fontenay-Aux-Roses

SEL Verteidigungssysteme
GmbH
Ostendstraße 3
D-75175 Pforzheim

EWK Eisenwerke
Kaiserslautern GmbH
Barbarossastraße 30
D-67655 Kaiserslautern

STN ATLAS Elektronik GmbH
Sebaldsbrücker Heerstr. 235
D-28305 Bremen

Flensburger Fahrzeugbau
Gesellschaft mbH
Werftstraße 24
D-24939 Flensburg

Thyssen Nordseewerke GmbH
Postfach 2351
D-26703 Emden

Der REPORT VERLAG ist ein Fachverlag für Sicherheitspolitik, Wehrtechnik, Rüstung und Logistik. Das Unternehmen gehört zur Brönner-Umschau Gruppe, bei der seit über 40 Jahren in Zusammenarbeit mit dem Bundesministerium der Verteidigung die Zeitschrift „Soldat und Technik" erscheint.

Die Publikationen des REPORT VERLAG richten sich an die interessierte Öffentlichkeit und erreichen Fachleute und Entscheidungsträger in Parlament, Regierung, Ämtern und in der Truppe, in Stiftungen, wissenschaftlichen Einrichtungen und Bibliotheken, in Industrie und im Dienstgewerbe.

Neben das Buchprogramm trat in den letzten Jahren die Reihe „Wehrtechnischer Report" und Waffensystembroschüren. Mit ihr werden grundsätzliche und aktuelle Themen umfassend aufbereitet. Die Reihe bietet ein über die Tagesaktualität hinaus reichendes Informationsangebot.

Die Produktpalette des Verlages umfasst derzeit

- Fachbücher
- Wehrtechnische Reports
- Waffensystembroschüren
- Branchen-Fax-Dienst „wehrWirtschaft"
- Fachtagungen
- Sonderdrucke/Beilagen
- Firmen- und Produktprospekte
- Internet-Präsenz

REPORT Verlag, Paul-Kemp-Str. 3, 53173 Bonn
Tel. 02 28/3 68 04 03
Fax 02 28/3 68 04 02
E-Mail: Report-Verlag-Bonn@t-online.de
http://www.report-verlag.de